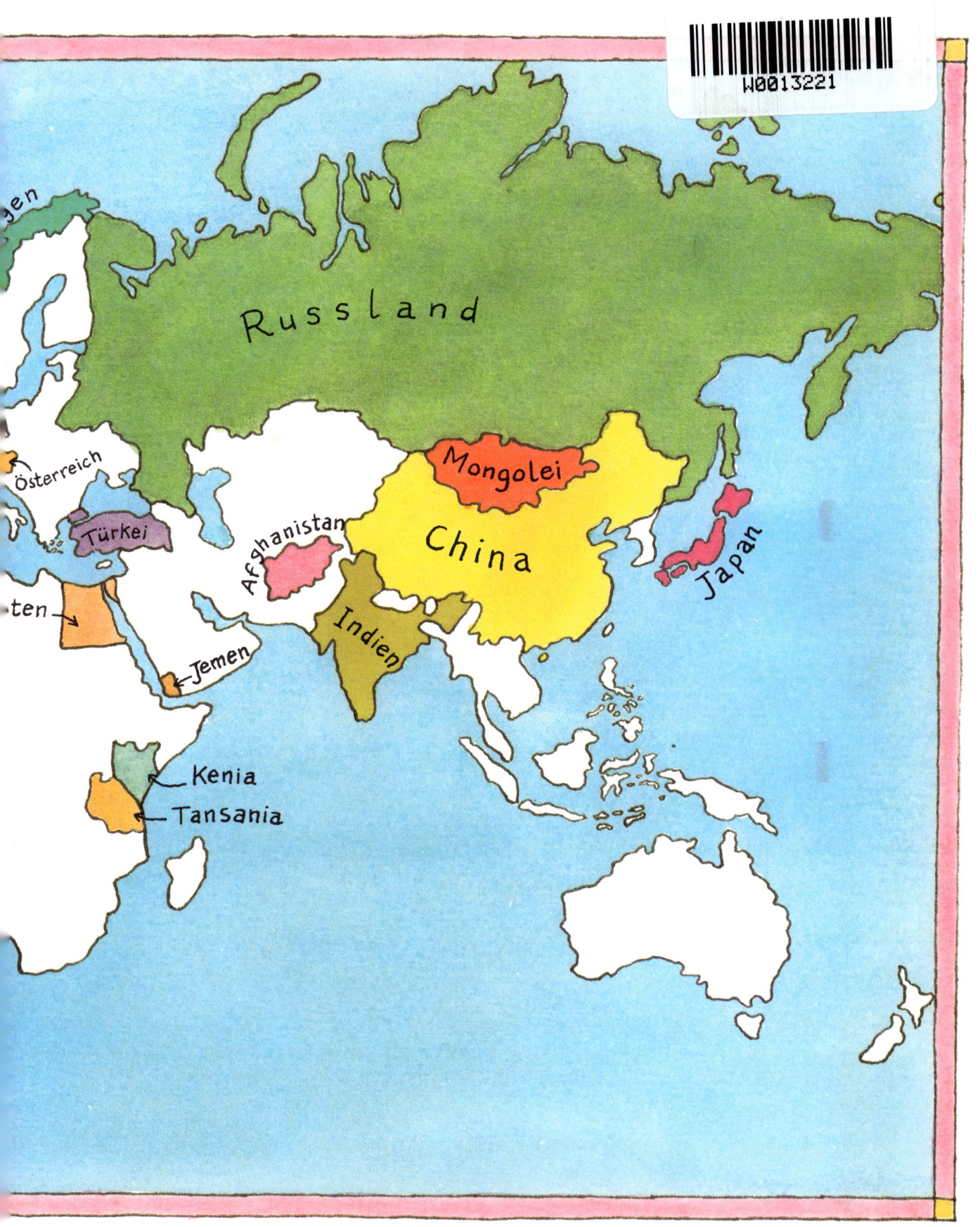

Matthias Mala
Komm und spiel mit uns!

Matthias Mala,
geboren 1950 in München, absolvierte eine kaufmännische Ausbildung zum
Handelsfachwirt. Seit 1977 ist er freiberuflich tätig, zunächst als Kunstmaler und
Stoffdesigner, seit einigen Jahren jedoch überwiegend als Schriftsteller.
Matthias Mala hat bereits zwölf Spiele- und Kinderbücher veröffentlicht.

Gertie Jaquet,
geboren 1958 in Egmond aan Zee, studierte an der Gerrit Rietveld Academie in
Amsterdam. Seit zehn Jahren arbeitet sie für verschiedene deutsche,
belgische und niederländische Verlage als Illustratorin.

Matthias Mala

Komm und spiel mit uns!

Das Unicef-Buch der Kinderspiele

Mit farbigen Bildern von
Gertie Jaquet

Arena

Die Deutsche Bibliothek – CIP-Einheitsaufnahme

Komm und spiel mit uns: ein Unicef-Buch / Matthias Mala.
Mit farbigen Bildern von Gertie Jaquet.
- 1. Aufl. - Würzburg: Arena, 1993
ISBN 3-401-04469-9
NE: Mala, Matthias; Jaquet, Gertie; UNICEF

----

1. Auflage 1993
© by Arena Verlag GmbH, Würzburg
Alle Rechte vorbehalten
Einbandgestaltung und Innenillustrationen: Gertie Jaquet
Gesamtherstellung: Chemnitzer Verlag und Druck GmbH
Werk Zwickau
ISBN 3-401-04469-9

Inhalt

VORWORT

Warst du schon einmal in Amerika? Nein? Ich auch nicht. Aber vielleicht kennst du jemanden aus Amerika?

Die erste Amerikanerin, die ich kennenlernte, war Mary. Das war im Kindergarten. Wo und was Amerika war, wußte ich damals noch nicht. Mary sprach ein bißchen anders als wir, aber wir spielten gern zusammen und mochten uns sehr.

Später, als ich schon in die Schule ging, begegnete ich Lisa. Lisa kam aus Indien. Sie war meine erste Freundin, und ich dachte kaum darüber nach, daß ihre Heimat viele tausend Kilometer entfernt war. Erst als Hassan zu uns in die Klasse kam, erlebten wir zum ersten Mal das Fremde. Noch eine Woche zuvor war er in der Türkei zur Schule gegangen, und nun wurde er neugierig von uns umringt. Marys und Lisas Heimat war uns fremd gewesen, aber Hassan kam aus einem Land, von dem wir schon etwas zu wissen glaubten: Die Türkei war für uns das märchenhafte Land der Sultane und der Harems, der furchtlosen Krieger und des türkischen Honigs. Enttäuscht mußten wir nach und nach von Hassan erfahren, daß es all das, außer dem türkischen Honig, schon lange nicht mehr gab. Nachdem er unsere Vorurteile beseitigt hatte, zeigte er uns aber ein paar Spiele, die er mit seinen Freunden in der Türkei gespielt hatte.

Durch Hassan lernten wir, daß beim Spielen Vorurteile bedeutungslos werden. Und nur ohne Vorurteile können sich Menschen richtig kennenlernen. Es ist übrigens gar nicht so schwer, die weite Welt der Spiele ganz in deiner Nähe zu finden. Die kleine Geschichte, mit der dieses Buch beginnt, könntest du ganz ähnlich erleben.

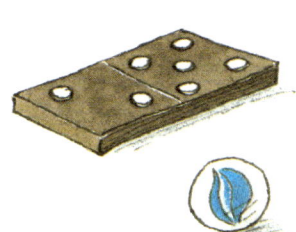    

EINE ENTDECKUNGSREISE VOR DER HAUSTÜR

Franziska und Florian leben mit ihren Eltern in einer kleinen Stadt mitten in Deutschland. Franziska ist stolz auf ihren älteren Bruder, weil er der schnellste Läufer in seiner Klasse ist. Und Florian ist stolz auf seine Schwester, weil sie in Deutsch so gut ist, daß sie ihm sogar bei den Hausaufgaben helfen kann; außerdem hat sie immer besonders schöne Schleifen im Haar. Ja, und beide zusammen sind stolz auf ihre Zahnspangen, die sie gerade tragen. Doch das hat mit der eigentlichen Geschichte nicht allzuviel zu tun.

Die begann nämlich, als Onkel Fredi für eine Weile zu Besuch kam, oder genau genommen, als Franziska und Florian *Streß* spielten. Du kennst *Streß* nicht? Nun, *Streß* ist ein Kartenspiel, aber das erkläre ich dir später.

Jedenfalls spielten die beiden gerade *Streß*, als Onkel Fredi dazukam. Er setzte sich zu ihnen und sah ein wenig zu. Und weil er das Spiel recht lustig fand, ließ er es sich erklären. Doch *Streß* ist ein Spiel, das nur zu zweit richtig Spaß macht. Deswegen spielte Onkel Fredi einmal mit Franziska und einmal mit Florian. Das aber machte wiederum allen dreien keine rechte Freude, denn eigentlich wollten sie zusammen spielen. Also fragte Onkel Fredi vor der nächsten Runde *Streß*: »Wollen wir nicht was zu dritt spielen? Franziska, Florian, was sind denn eure Lieblingsspiele?«

»*Räuber und Gendarm* und *Der Kaiser schickt seine Soldaten aus*«, platzte Florian heraus.

»Und du?« wandte sich Onkel Fredi an Franziska, die noch überlegte.

»Hmm, also in jedem Fall Gummitwist und dann vielleicht *Stadt, Land, Fluß*«, meinte Franziska und hielt dabei den Kopf schief.

Darauf hielt auch Onkel Fredi den Kopf schief, was er immer machte, wenn er nachdachte. »Also«, sagte er, »für *Räuber und Gendarm* oder *Der Kaiser schickt seine Soldaten aus* sind wir zu wenig. Und bei *Stadt, Land, Fluß* gewinne ich immer, oder ich muß mich blöd stellen. Und Gummitwist . . .«

»Was hast du denn als Kind am liebsten gespielt, Onkel Fredi?« unterbrach Franziska seine Gedanken.

»Pfänderspiele«, kam seine Antwort wie von weit her.

»Uih ja!« rief Florian, und Franziska fragte weiter: »Und welche?«

»Oooch . . . *Mein Hut, der hat drei Ecken*«, antwortete Onkel Fredi nach kurzem Zögern. Und schon sangen alle drei:

Mein Hut, der hat drei Ek-ken. Drei Ek-ken hat mein Hut. Und

hätt' er nicht drei Ek-ken, dann wär' er nicht mein Hut.

Sie sangen die Strophe insgesamt sechsmal. Doch wurde der Vers jedesmal ein wenig kürzer. Denn bei jeder Wiederholung sangen sie bestimmte Wörter nicht mehr mit. Statt dessen stellten sie die fehlenden Wörter mit ihren Händen dar, denn so geht das Spiel. Das erste Wort, das wegfiel, war »Hut«, dann »drei«, danach »Ecken« und schließlich »nicht« und »mein«. Am Ende blieb nur noch so viel übrig:

– –, der hat – –.

– – hat – –.

Und hätt' er – – –,

dann wär' er – – –.

Der Rest wurde gedeutet. Für jeden Fehler, den einer machte, mußte er ein Pfand geben.

Und da Onkel Fredi schon lange nicht mehr *Mein Hut, der hat drei Ecken* gespielt hatte, kamen die meisten Pfänder von ihm. Deshalb war es auch kein Wunder, daß das erste Pfand, das gezogen wurde, ihm gehörte. Franziska, die beim Pfandauslosen als erste die Aufgaben verteilen durfte, ahnte das schon. Sie gab auf Florians Frage: »Was soll das Pfand in meiner Hand?« zur Antwort: »Es soll uns eine Geschichte aus der weiten Welt erzählen.« Ja, und das konnte nur Onkel Fredi so richtig, denn er war Entwicklungshelfer und deshalb schon weit in der Welt herumgekommen.

Also begann er zu erzählen. Und wenn Onkel Fredi damit anfing, dann war so schnell kein Ende abzusehen. Er berichtete von Indianern in den Bergen Südamerikas, von Bauern am Rande der Sahara, von indischen Teppichwebern und Hirten aus den mongolischen Steppen.

Das Pfänderauslosen hatten die drei längst vergessen. Dafür fragte mal Florian, mal Franziska nach dieser und jener Einzelheit aus seiner Geschichte. Mal wollten sie wissen, wie groß und gefährlich der Vulkan war, auf den Onkel Fredi gestiegen war; mal fragte Florian nach dem Pfeilgift der Dschungelindianer, oder Franziska interessierte sich dafür, wie die Butter im Tee der Tibetaner schmeckte.

Auf alles wußte Onkel Fredi eine Antwort, und es war fast, als gäbe es nichts, was er nicht wußte. Bis Franziska fragte: »Sag mal, Onkel Fredi, du weißt so viel von der ganzen Welt. Aber du erzählst uns gar nichts darüber, was die Kinder überall dort, wo du warst, spielen. Dürfen wir das vielleicht nicht wissen, weil es gefährliche Spiele sind?«

Na, da war Onkel Fredi erst mal sprachlos. Denn darauf wußte er keine Antwort. Er hatte keine Ahnung, ob die Kinderspiele in Amerika, Afrika oder Asien gefährlich sind oder nicht. Er hatte schlicht und einfach nie darauf geachtet, was die Kinder andernorts spielen.

Aber Onkel Fredi wäre nicht Onkel Fredi gewesen, wenn ihm dazu nicht schnell etwas eingefallen wäre: »Tja«, meinte er, »was die Kinder in all den Ländern spielen?

Ich weiß es nicht! Ich muß gestehen, darauf habe ich nie geachtet. Aber wie wär's, Franziska und Florian, wenn ihr das herausbekommen würdet?«

»Ooch«, maulten die beiden wie aus einem Munde, »wie sollen wir das denn tun?«

»Das ist doch ganz einfach«, lachte Onkel Fredi. »Ihr kennt doch Kinder aus fremden Ländern. Aus der Türkei, Spanien, Griechenland und wo sonst noch her. Fragt sie doch ganz einfach, was sie daheim spielen. Und wenn eure Eltern nichts dagegen haben, machen wir, bevor ich wieder wegfahre, noch ein Kinderfest mit lauter Spielen aus der ganzen Welt.«

Das war ein tolle Idee. Franziska und Florian waren ganz begeistert. Und schon zählten sie Namen von Kindern aus anderen Ländern auf, die sie kannten und die sie nach Spielen aus ihrer Heimat fragen wollten. Auch Kinder, die sie noch gar nicht kannten, nahmen sie in ihre Liste auf, wie das Mädchen aus dem chinesischen Restaurant, in dem sie manchmal aßen, oder den Buben aus Kenia am Ende der Straße, dessen Eltern in der Gärtnerei arbeiteten. Kaum vierzehn Tage später, am Tag vor Onkel Fredis Abreise, war es dann soweit. In Haus und Garten stieg ein riesiges Kinderfest, zu dem über zwanzig Kinder aus aller Herren Länder kamen und von dem noch lange danach immer wieder gesprochen wurde.

Die Spiele in diesem Buch sind lauter Spiele, die von Franziska und Florian – oder von dir selbst – erkundet sein könnten, denn es sind Spiele, die jeden Tag von Kindern auf dieser Welt gespielt werden. Außerdem kannst du sie leicht nachmachen, weil sie so gut wie nichts kosten. Schließlich haben die meisten Eltern auf der Welt nicht so viel Geld übrig, daß sie ihren Kindern Spielzeug kaufen können.

Streß

Spieler: 2

Jetzt noch die Spielregeln von *Streß* und von *Der Kaiser schickt seine Soldaten aus*. *Streß* ist ein Kartenspiel, das von Kindern in Deutschland selbst erfunden wurde. Und weil das noch gar nicht so lange her ist, wird *Streß* hier zum ersten Mal in einem Kinderspielebuch erklärt.

Streß spielt man zu zweit. Ihr braucht dazu Rommékarten, also zwei mal 52 Karten. Jeder von euch beiden erhält einen Kartensatz. Dazu dreht ihr die Karten am besten um: Ein Satz hat blaue Rücken, der andere rote. Also bekommt ein Kind alle blauen und das andere alle roten Karten. Mischt eure Karten gut durch und haltet euren Packen so, daß man die oberste Karte nicht erkennen kann. Danach zieht jeder vier Karten von seinem Packen und legt sie mit dem Bild nach oben in einer Reihe vor sich auf den Tisch. Jetzt muß jeder noch eine Karte ziehen, die ihr mit dem Rücken nach oben nebeneinander in die Mitte zwischen eure Reihen legt.

Auf »Los!« wird das Spiel gestartet. Dazu dreht ihr beide gleichzeitig eure Karten in der Mitte um und seht nach, welche der vier Karten aus eurer Reihe auf die beiden Karten in der Mitte passen. Passend sind nur solche Karten, die gerade um eine Stufe höher oder niedriger als die Karten in der Mitte sind. So könnt ihr beispielsweise

auf eine Neun eine Zehn oder Acht legen. Auf ein As dürft ihr einen König oder eine Zwei legen, weil das As die erste und die letzte Karte in der Kartenfolge ist. Beim Ablegen geht es aber nicht Zug um Zug, sondern ihr legt gleichzeitig ab; wer schneller ist, darf ablegen.

Wenn ihr keine Karte mehr aus der Reihe vor euch in die Mitte legen könnt, ergänzt ihr eure Reihe wieder mit Karten von eurem Packen. Während des Spiels kann es vorkommen, daß zwei gleichrangige Karten in der Mitte nebeneinander obenauf liegen. Dann müßt ihr ganz schnell »Streß!« rufen. Denn wer zuerst »Streß!« ruft, ist frei. Der andere Spieler aber muß alle Karten aus der Mitte seinem Packen beimischen. Danach legt jeder wieder eine Karte in die Mitte, und das Spiel wird neu gestartet.

Kann keiner von euch mehr eine Karte aus seiner Viererreihe wegspielen, so zieht jeder von seinem Packen eine Karte, die ihr gleichzeitig auf die Stöße in der Mitte legt.

Hat aber in einem solchen Fall einer keinen eigenen Packen mehr, darf der andere Spieler zwei Karten in die Mitte legen.

Falls jemand in seiner Viererreihe drei gleiche Karten liegen hat, darf er eine davon in seinen Packen zurückstecken.

Übrigens dürft ihr *Streß* nur mit einer Hand spielen, deshalb müßt ihr euren Packen bis zur letzten Karte in der anderen Hand behalten.

Der Kaiser schickt seine Soldaten aus

Dies ist ein Spiel für viele Kinder, bei dem ihr in zwei Gruppen gegeneinander spielt. Jede Gruppe hat ihren eigenen »Kaiser« – das kann ein Junge oder ein Mädchen sein. Die beiden Kaiser werden zuvor ausgezählt. Danach wählen sich die Kaiser ein Kind nach dem anderen in ihre Mannschaft. Jede Mannschaft bildet daraufhin in gut 20 Schritten Abstand eine Kette; dazu faßt ihr euch an den Händen. Das Spiel beginnt, indem der erste Kaiser ein Kind, beispielsweise Franziska, mit folgendem Ruf losschickt: »Der Kaiser schickt seine Soldaten aus, und er schickt die Franziska aus!«

Jetzt läuft Franziska los und versucht, an irgendeiner Stelle zwischen zwei Kindern die gegnerische Kette zu sprengen. Gelingt ihr das, sind die beiden Kinder, die sie nicht aufhalten konnten, ihre Gefangenen. Sie müssen sich mit ihr zusammen in ihre Mannschaft einreihen. Bleibt jedoch Franziska in ihren Armen hängen, ist sie die Gefangene.

Das Spiel wogt so lange hin und her, bis schließlich eine Mannschaft alle Kinder der anderen in ihre Kette einreihen konnte. Wird ein Kaiser gefangen, geht das Spiel trotzdem weiter. Die hiervon betroffene Mannschaft darf nämlich ein anderes Kind zum Kaiser wählen.

DÄNEMARK

Kennst du ein Königreich, das zwischen zwei Meeren liegt? Nun, gemeint ist Dänemark. Die Halbinsel Jütland trennt die Nordsee von der Ostsee. Hinzu kommen noch ungefähr 500 Inseln. Dafür gibt es in Dänemark keine Berge, sondern nur Hügel. Der höchste ist gerade 173 Meter hoch. Für die Dänen sind das Meer und die Fischerei sehr wichtig. Das merkt man auch an den Kinderspielen; die beiden folgenden sind Beispiele dafür.

Fischen

Die dänischen Kinder basteln sich dieses Spiel meist selbst.

Dazu suchen sie sich einen langen Zweig, aus dem sie vier Angelruten schneiden. Jede Angelrute ist ungefähr eine Elle lang. (Eine Elle ist so lang wie dein Unterarm.) Die Angelruten werden angemalt, wobei jede eine andere Farbe erhält. Dann wird eine dünne Schnur daran gebunden. Die Schnur sollte etwas kürzer sein, als die Angelrute lang ist. An das freie Schnurende wird ein Häkchen oder ein gebogener Draht geknüpft.

Nach den Angelruten werden die Fische gebastelt. Für *Fischen* brauchen die dänischen Kinder zwanzig Fische. Dazu schneiden sie entweder zehn Weinkorken in der Mitte durch, oder sie sägen von einem kräftigen Ast zwanzig daumendicke Scheiben. Manche Kinder malen die Fische auch an. Aber dann hat jeder Fisch die gleiche Farbe. An einer Seite werden U-förmige Haken in die Fische geschlagen. Auf der anderen Seite werden die Fische von 1 bis 20 numeriert.

Alsdann kann das Spiel beginnen. Alle Fische werden auf den Boden gesetzt, und bis zu vier Kinder können nun um die Wette angeln. Dazu setzen sie sich wie richtige Angler auf Hocker. Wer einen Fisch am Haken hat, zieht ihn hoch, legt ihn neben sich und angelt sofort weiter.

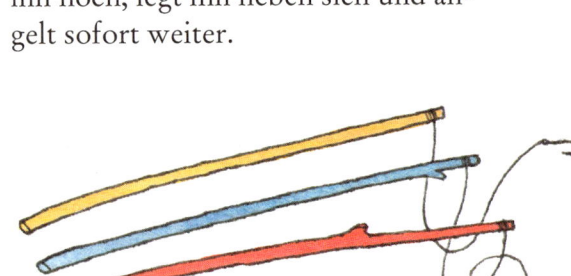

Gewonnen hat das Spiel jedoch nicht das Kind, das die meisten Fische hat, sondern dasjenige, das die schwersten angeln konnte.

Dazu werden die Zahlen an der Unterseite der Fische zusammengezählt; denn jede Zahl verrät, wieviel Kilo ein Fisch schwer ist.

Und da *Fischen* ein Spiel für zu Hause ist, spielen es die dänischen Kinder nur im Winter, und da am liebsten vor Weihnachten, denn danach haben sie ja wieder neue Spielsachen.

Wie bist du übers Rote Meer gekommen?

Dieses Spiel spielen die dänischen Kinder meistens am Strand, weil sie dafür viel Platz brauchen. Da es in ganz Dänemark nie sehr weit zum Meer ist, kennen das Spiel eigentlich fast alle Kinder im Land. Aber natürlich kann man es auch auf einer Wiese spielen.

Zuerst wird ein Kind ausgezählt, das den Fischer spielt. Dann ziehen die Kinder einen langen Strich in den Sand und stellen sich dahinter. Der Strich soll das eine Ufer des Roten Meeres sein. Von diesem Strich weg geht der Fischer 33 große Schritte und zieht dann noch einen Strich, das andere Ufer vom Roten Meer. Dort steht der Fischer. Die Kinder rufen nun im Chor zum Fischer hinüber: »Fischer, wie bist du übers Rote Meer gekommen?«

Daraufhin zeigt der Fischer, wie er das angestellt hat, zum Beispiel
* hüpft er auf einem Bein, oder
* er springt rückwärts, oder
* er rutscht auf dem Hintern, oder
* er läuft auf allen vieren, oder
* er schlägt Purzelbäume.

Jedenfalls soll es eine möglichst komische Art der Fortbewegung sein. Hat der Fischer gezeigt, wie er übers Rote Meer gekommen ist, machen es ihm die anderen Kinder nach. Sie versuchen dabei, das andere Ufer zu erreichen. Der Fischer aber bewegt sich in gleicher Weise in die andere Richtung. Dabei versucht er, ein Kind zu fangen, was oft gar nicht so leicht ist. Denk nur, du müßtest jemanden beim Purzelbaumschlagen fangen! Gelingt es dem Fischer, ein Kind abzuschlagen, dann wird das gefangene Kind zum neuen Fischer.

Übrigens muß sich das Kind, das den Fischer spielt, immer wieder etwas Neues einfallen lassen. Denn zweimal in der gleichen Weise das Rote Meer zu überqueren, finden die dänischen Kinder langweilig.

Spieler:
5 und mehr

17

Ich wünscht', ihr hättet Zeit für mich!

So heißt ein Lied, das die dänischen Kinder manchmal im Kindergarten oder Hort singen. Sie singen es sehr schnell, vielleicht, um nicht zu traurig zu werden. Hier ist der Text zu dem Lied. Einige von euch werden sich beim Lesen wahrscheinlich denken, daß es bei ihnen daheim nicht anders ist als in Dänemark.

Kaum aufgestanden,
haben es die Großen eilig.
Rasch eine Tasse Kaffee
und ein Stück Brot verdrückt.
»Wir haben keine Zeit zu verlieren,
stell das Radio an,
Vater muß die Frühnachrichten hören!«

»Stellt das Radio doch mal ab,
und hört mich dafür an.
Macht mal Pause,
ich hab' euch vieles zu erzählen.
Ich wünscht', ihr hättet Zeit für mich.«

Am Tag hat meine Mutter einen Job,
der sie bis um fünf Uhr festhält.
Wenn sie heimkommt, bin ich glücklich,
doch schon geht's wieder los
mit der Kocherei.

»Wartet doch einmal
mit dem Essen,
und hört mich dafür an.
Macht mal Pause,
ich hab' so viele Fragen.
Ich wünscht',
ihr hättet Zeit für mich.«

Nach dem Essen
kommt das Fernsehen,
immer gibt es etwas,
das der Vater sehen will.
Die Mutter ist bis zehn in einer Sitzung,
und Vater sitzt vorm Kasten
bis Programmschluß.

»Stellt den Fernseher
doch einmal ab,
und hört mich dafür an.
Macht mal Pause,
ich hab' euch so viel zu sagen.
Ich wünscht', ihr hättet Zeit für mich.«

(Text und Musik: Poul Køller. Aus: Sing mit uns. Die schönsten neuen
Kinderlieder aus 25 Ländern, entnommen dem Internationalen Kinderlieder-
Wettbewerb der UNICEF; Schweizerisches Komitee für UNICEF, Edition
Melodie, Zürich 1982.)

ENGLAND

England ist ein Teil von Großbritannien. Die Königin von England ist deshalb auch die Königin über Wales, Schottland und Nordirland, denn aus all diesen Ländern besteht Großbritannien. Für einen Briten, so nennt man die Leute aus Großbritannien, ist es bedeutsam, aus welchem Teil des Landes er stammt. Jedenfalls würde es ein Schotte nicht mögen, wenn du ihn einen Engländer nennst. Das wäre ungefähr so schlimm, wie wenn du zu einem Bayern sagst, er wäre ein Preuße. Die Spiele hier stammen alle aus England. Trotzdem spielen sie die schottischen oder irischen Kinder genauso gerne. Nur sind sie da nicht ganz so bekannt wie in England. Doch die englische Art, *Blinde Kuh* zu spielen, kennen alle Kinder auf den Britischen Inseln. Hierbei werden allen Mitspielern bis auf einem die Augen verbunden. Dieses sehende Kind aber bekommt ein Glöckchen in die Hand, mit dem es ab und zu läutet. Die »Blinden« versuchen, es zu fangen. Wem das zuerst gelingt, darf seine Augenbinde gegen das Glöckchen eintauschen.

Englisches Seilspringen

Alle Kinder auf der Welt spielen mit dem Springseil. Und fast überall spielen die Mädchen damit lieber als die Buben. Nur die Regeln und Verse, nach denen gesprungen wird, sind unterschiedlich. Die englischen Mädchen finden es beispielsweise besonders reizvoll, beim Seilspringen wahrzusagen. Dazu schwingen sie das Seil und stellen eine Frage. Die möglichen Antworten zählen sie danach so lange auf, bis das springende Kind einen Fehler macht. Das ist dann das Orakel. Wollt ihr es nachspielen, fangt ihr so an:

»Brombeeren, Erdbeeren, Himbeerkuchen.
Nach welchem Liebling sollst du suchen?
A B C D E F G H I J K L . . .« usw.
Der Buchstabe, bei dem ihr einen Fehler macht, verrät euch, wie der Name eures künftigen Schatzes beginnt. Daraufhin stellt ihr weitere Fragen:
»Will er mich heiraten?«
»Ja, nein, ja, nein, ja, nein, ja . . .«
Ist die Antwort »nein«, beginnt ihr wieder von vorne.

Ansonsten geht es weiter:
»Wie willst du zur Hochzeit fahren?«
»Mit einer Schubkarre, mit einer Kutsche, mit der Straßenbahn, mit einem Auto, mit dem Hundeschlitten, . . .«
»Aus was soll dein Brautkleid sein?«
»Aus Seide, Baumwolle, Samt, Leinen, Wolle, Rupfen, Spitzen, Gardinen, Scheuertuch . . .«
»Was für Schuhe willst du tragen?«
»Holzschuhe, Stöckelschuhe, Stiefel, Hausschuhe, . . .«
»In welchem Haus wirst du wohnen?«
»Stadthaus, Landhaus, Hundehütte, Holzhaus, Schneckenhaus, . . .«
»Was willst du werden, wenn du groß bist?«
»Kaiserin, Königin, Ärztin, Kauffrau, Filmschauspielerin, Bademeisterin, Bürgermeisterin, Krankenschwester, . . .«
Und so könnt ihr wie die Mädchen in England immer neue Fragen und Antworten finden, bis es dunkel wird.

Spieler: 1 - 3

Conkers

Spieler:
2 und mehr

Conkers nennen die englischen Kinder die Kastanien. Deshalb spielen sie das Spiel auch nur im Herbst, wenn die Kastanien von den Bäumen fallen. Für das Spiel sucht sich jedes Kind eine feste, heile Kastanie. Dann bohrt es durch die Kastanie vorsichtig ein Loch und fädelt eine armlange Schnur hindurch. Die Schnur verknotet es am unteren Ende, damit die Kastanie nicht herunterrutschen kann. Hat jedes Kind seine Kastanie fertig, treten jeweils zwei Kinder gegeneinander an, um ihrem Gegner die Kastanie zu zerschlagen. Doch bevor es dazu kommen kann, muß erst ein Kind ein anderes zum Kampf herausfordern. Das geschieht durch folgenden Spruch:

»Kastanie komm, Kastanie klong.
Kastanie ran, ich fang an!
Kastanie flieg, bring mir den Sieg.«

Nimmt das andere Kind die Herausforderung an, spricht es den Vers mit zu Ende. Das Kind aber, das den Vers begonnen hat, darf als Herausforderer zuerst schlagen. Dazu läßt das andere Kind seine Kastanie aus der weggestreckten Hand ruhig

baumeln. Sein Herausforderer holt indessen aus und versucht, seine Kastanie gegen die des Gegners zu schleudern. Danach darf dieser seine Kastanie schleudern. Der Wettstreit wogt so lange hin und her, bis einem Kind die Kastanie platzt.

Beim *Conkers* wird eine Kastanie von Kampf zu Kampf mehr wert. Eine Kastanie, mit der noch nicht gekämpft wurde, ist ein »Einer«. Hat sie den Wettstreit gegen einen anderen »Einer« überstanden, wird sie zum »Zweier«. Von nun an darf sie auch gegen höherwertige Conkers eingesetzt werden. Trifft sie etwa auf einen »Zwölfer« und gewinnt, dann hat sie auch den Wert des »Zwölfers« hinzugewonnen und wird dadurch zu einem »Vierzehner«. Conkers mit einem Kampfwert von weit über hundert sind gar nicht so selten.

Übrigens meinen die englischen Kinder, daß die Kastanien ganz oben im Kastanienbaum die härtesten sind. Mit Steinen und Stöcken zielen sie deshalb in die Wipfel der Kastanienbäume, um die kostbaren Stücke herunterzuholen.

Königinspiel

Das Königinspiel ist ein Ballspiel, das die Mädchen in England recht gerne spielen, weil sie dann für eine Weile Königin sein können.

Zuerst wird eine Königin ausgezählt. Sie stellt sich mit dem Rücken vor die anderen Mädchen und wirft den Ball hoch über sich. Die anderen versuchen, den Ball zu fangen. Fängt ein Mädchen den Ball aus der Luft, ruft es: »Gefangen!« und wird zur neuen Königin. Fällt der Ball aber zu Boden, stellen sich die Mädchen in einer Reihe auf. Das Mädchen, das den Ball zuerst erwischte, hält ihn hinter seinen Rücken. Dann rufen alle zusammen der Königin, die noch immer mit dem Rücken zu ihnen steht, zu: »Königin, Königin an der Wand, wer hat den goldenen Ball in der Hand?«

Jetzt erst darf sich die Königin umdrehen. Sie muß nun das Mädchen erraten, das den Ball hinter sich hält. Da jedoch alle anderen auch so tun, als versteckten sie den Ball hinterm Rücken, ist das gar nicht so einfach. Rät die Königin richtig, darf sie eine Runde weiter Königin bleiben. Tippt sie jedoch falsch, wird das Mädchen mit dem Ball hinterm Rücken neue Königin.

Spieler:
4 und mehr

23

NORWEGEN

Auch Norwegen ist ein Königreich. Insgesamt gibt es noch sieben Königtümer in Europa. Zu Norwegen gehört das Nordkap. Das ist der nördlichste Punkt des europäischen Kontinents. Im Norden Norwegens geht den Sommer über die Sonne nicht unter. Im Winter scheint sie dafür überhaupt nicht. Dann werden viele Menschen krank vor Traurigkeit. Dagegen haben norwegische Ärzte eine Medizin gefunden. Sie setzen die Menschen eine Zeitlang am Tag vor eine Lampe, die so hell ist wie die Sonne; dann drückt der dunkle Winter nicht mehr ganz so stark auf ihre Seele.

Bücking

Für *Bücking* braucht man etwas
Platz, eine Wiese oder einen Bolz-
platz, denn *Bücking* ist ein
Titschspiel, und zwar ein ganz beson-
deres, denn die Titsch wird getreten
und nicht wie sonst üblich geschlagen. Du weißt nicht, was eine Titsch
ist? Nun, am besten bastelst du dir
gleich eine, so wie die norwegischen
Kinder auch. Die sagen aber zur
Titsch »Kattepin«, was wir von nun
an auch machen.

Um einen Kattepin zu basteln,
brauchst du eine Holzleiste, die an
den Seiten ungefähr drei Finger dick
ist. Von der Leiste sägst du ein Stück
ab, das etwa so lang ist wie dein Fuß.
Dieses Stück Holz schnitzt du an beiden Enden spitz zu. Danach mußt du
noch jede der vier schmalen Seiten
des Kattepin mit einer Ziffer beschrif-
ten, und zwar der Reihe nach mit 2,
4, 6 und 8.

Und so spielen die norwegischen Kinder *Bücking*: Zunächst teilen sie sich
in zwei Mannschaften. Jede Mannschaft besteht aus zwei Spielern.
Danach machen sie aus, wie hoch sie
spielen wollen. Meistens wird beim

Bücking ein »Hunderter« gespielt.
Das heißt, die Mannschaft gewinnt,
die zuerst 100 Punkte erzielt.
Ist das geregelt, ziehen sie einen
Strich als Abwurflinie auf den Boden.
Zehn Schritte davon entfernt wird
ein Kreis mit einer Armlänge Durch-
messer gezeichnet. Das ist der Wurfkreis.

Spieler: 4

Jetzt zählen die Kinder aus, wer beginnen darf. Dieses Kind stellt sich
an den Abwurf und versucht, den
Kattepin in den Wurfkreis zu werfen.
Trifft es nicht, darf ein Kind aus der
anderen Mannschaft werfen. Trifft
auch dies nicht, kommt das zweite
Kind der ersten Mannschaft zum
Werfen an die Reihe. Das wechselt so
lange hin und her, bis der Kattepin
im Wurfkreis landet. Dann laufen alle
hin, um die Zahl abzulesen, die oben
liegt.

Liegt beispielsweise eine Sechs obenauf, nachdem die erste Mannschaft geworfen hat, dann hat diese Mannschaft schon einmal sechs Punkte gewonnen. Zugleich hat der Werfer sechs Versuche frei, den Kattepin hochspringen zu lassen.

Dazu tritt er mit dem Absatz kurz und heftig auf eine Spitze des Kattepin, damit dieser in die Höhe schnellt. Springt der Kattepin hoch, muß er im Flug gefangen werden. Schafft es das Kind, darf es den Kattepin wieder werfen. Nur versucht es diesmal, ihn so weit wie möglich wegzuschleudern. Hat es danach noch Versuche frei, darf es den Kattepin an der Stelle, wo er liegenblieb, weiter treten und, wenn es ihn fängt, erneut werfen.

Sind alle erlaubten Versuche, den Kattepin zu treten, verbraucht, versucht die andere Partei, den Kattepin in den Wurfkreis zurückzuwerfen. Dazu stellt sich ein Kind in den Wurfkreis, um dem Werfer das Ziel anzuzeigen. Der Werfer muß den Kattepin von dem Punkt werfen, wo er zuletzt liegenblieb. Dabei darf er keinen Anlauf nehmen. Fällt der Kattepin in den Wurfkreis, beginnt eine neue Runde. Ansonsten kommt es zu einem Schrittmessen.

Dabei läuft zunächst ein Kind der ersten Mannschaft in so großen Schritten wie möglich von der Stelle, wo der Kattepin liegenblieb, zum Wurfkreis. Diesmal ist ein Anlauf erlaubt. Jeder Schritt zwischen Kattepin und Wurfkreis ist einen Punkt wert. Doch bevor die Punkte zählen, dürfen beide Spieler der gegnerischen Mannschaft versuchen, diese Schrittzahl zu unterbieten.

Gelingt es ihnen, hat der zweite Spieler der ersten Mannschaft noch einen letzten Versuch, die Strecke mit noch weniger Schritten zu durchmessen. Das Kind, das schließlich am wenigsten Schritte für die Strecke zwischen Kattepin und Wurfkreis benötigte, hat diese Schrittzahl als Punkte für seine Mannschaft hinzugewonnen.

RUSSLAND

Noch vor ein paar Jahren meinte man, wenn man von Rußland sprach, die ganze Sowjetunion. Nun, die Sowjetunion gibt es nicht mehr, und trotzdem ist Rußland noch ein riesiges Land. Es erstreckt sich über zwei Kontinente, Europa und Asien, von der Ostsee bis an den Pazifischen Ozean. Gleichwohl ist Rußland kein reiches Land. Die meisten Menschen haben gerade das Nötigste zum Leben. Sie hoffen aber, daß es ihnen bald besser geht.

Russisches Abzählen

Die russischen Kinder kennen eine recht eigene Art abzuzählen, welches Kind ein Spiel beginnen darf. Und zwar verwenden sie dazu einen Stock. Vielleicht liegt das daran, daß sie viel mit Stöcken spielen, wie du gleich sehen wirst. Jedenfalls hält ein Kind den Stock ganz unten fest, und nacheinander greift jedes Kind Faust an Faust um den Stock, bis ein Kind das oberste Stück vom Stock greifen kann. Dieses Kind darf anfangen.

Das Wachtelspiel

Für das Wachtelspiel sucht sich jedes Kind einen armlangen Ast, in dessen Rinde es sein ganz persönliches Muster schneidet. Die russischen Kinder spielen das Wachtelspiel im Sommer. Du wirst gleichfalls bis zum Mai warten müssen, weil sich vorher die Rinde nicht sauber vom Holz löst. Und sicher möchtest du ebenso wie die russischen Kinder einen schön verzierten Stock.

Spieler:
3 und mehr

Das Kind, das das Abzählen gewonnen hat, beginnt. Es ist die Wachtel. Es wirft seinen Stock hoch in die Luft. Die anderen Kinder sind die Falken. Sie zielen mit ihren Stöcken nach der Wachtel. Trifft ein Kind mit seinem Stock die Wachtel noch im Flug, so ruft es: »Mein Falke hat die Wachtel geschlagen!« Dafür darf es in der nächsten Runde seinen Stock als Wachtel werfen. Trifft niemand die Wachtel, wirft das gleiche Kind weiter. Übrigens muß eine geschlagene Wachtel allen Kindern die Stöcke aufheben.

Das Spiel dauert so lange, bis jedes Kind mindestens einmal die Wachtel werfen konnte.

Suka

Spieler:
2 und mehr

In Rußland gibt es weite Birkenwälder. Und weil es so viele Birken gibt, ist es auch kein Wunder, daß man für *Suka* nur Birkenäste nimmt. Außerdem läßt sich Birkenholz leicht schneiden. *Suka* spielen in Rußland meistens die Buben unter sich.

Um beim *Suka* mitspielen zu können, muß sich ein russischer Junge seine Spielsteine selbst basteln. Dazu sägt er einen zwei Finger dicken Ast in vier ungefähr einen halben Daumen lange Stücke. Die entrindeten Stücke zerteilt er noch der Länge nach in zwei Hälften, und schon hat er seine acht Sukas für das Spiel fertig. Nun legen alle ihre Sukas zusammen. Es wird gelost, wer anfangen darf. Derjenige hebt dann mit beiden Händen alle Sukas hoch und läßt sie mit einem Mal ungefähr zwei Handbreit über dem Tisch fallen.

Die gefallenen Sukas erhalten, je nachdem, wie sie nach dem Wurf liegen, eine eigene Bezeichnung:

* Liegt die flache Seite oben, heißt das Suka »Dyrka«.

* Zeigt die runde Seite nach oben, nennen es die Kinder ein »Doverka«.

* Und steht es aufrecht, ist es ein »Pop«.

Alle Pops darf der Spieler nach seinem Wurf sofort an sich nehmen. Danach schnippt er mit einem Finger die Sukas gegeneinander. Hierbei darf er allerdings nur mit einem Dyrka auf ein Dyrka und mit einem Doverka auf ein weiteres Doverka zielen. Trifft er, hat er dieses Suka gewonnen.

Stellt sich ein getroffenes Suka zu einem Pop auf, so hat es der Spieler mit seinem Schußstein zusammen gewonnen.

Sukas, die übereinander liegen, muß er mit einem gezielten Schuß erst auseinandertreiben, bevor er sie dann einzeln schießen darf.

Ein Spieler darf so lange weiterspielen, bis er entweder daneben schießt oder mit einem Dyrka ein Doverka oder mit einem Doverka ein Dyrka trifft. Daraufhin zählt er seine gewonnenen Sukas, und der nächste Spieler ist an der Reihe. Er wirft wieder mit allen Sukas. Wer am meisten Sukas treffen konnte, hat gewonnen und darf in der nächsten Runde anfangen.

Dyrka

Doverka

Pop

TÜRKEI

Auch die Türkei ist ein Land, das sich über zwei Kontinente erstreckt. Am deutlichsten erlebt man dies in Istanbul, der ehemaligen Residenz der Sultane. Dort kann man über eine Brücke von Europa nach Asien laufen.

Wahrscheinlich kennst du ein paar türkische Kinder, die in deiner Nähe leben. Ihre Eltern sind meist schon vor Jahren gekommen, um hier zu arbeiten. Viele türkische Kinder sind deshalb hier geboren. Sie haben oft große Schwierigkeiten, weil sie sich nirgendwo richtig daheim fühlen. Ihr Zuhause ist zwar hier, aber ihre Heimat soll die Türkei sein.

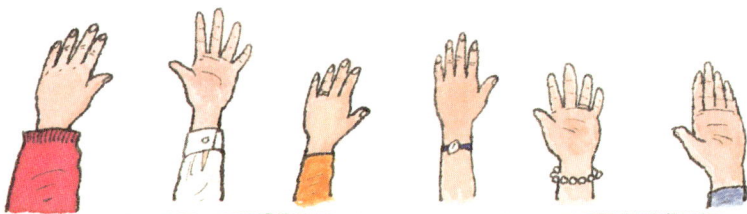

Anja Manja

Auch türkische Kinder kennen eine ganz eigene Art abzuzählen. Dazu stellen sie sich im Kreis auf, und jedes streckt eine Hand in die Mitte. Ob dabei die Handfläche nach oben oder nach unten zeigt, ist egal. Das kann jedes Kind machen, wie es will. Dann sagen sie gemeinsam folgenden Abzählvers auf:

  »Anja manja
  Kumpanja.
  Bir schische schampanja;
  Ben schiktun.«

Übersetzt lautet der Reim:

  »Annei Mannei
  Kumpanei.
  Ich geb' was zu trinken aus
  und bin raus.«

Dabei drehen alle im Takt ihre Hände mal nach oben, mal nach unten. Am Ende zählen sie, wie viele Handrücken und wie viele Handflächen nach oben schauen. Die Kinder, die in der Minderzahl sind, scheiden aus. Die anderen beginnen eine neue Auszählrunde.

Das geht so lange, bis nur noch ein Kind übrigbleibt. Sind einmal zum Schluß zwei Kinder über, müssen sie sich ein drittes Kind zu Hilfe holen. Dieses Kind bleibt aber frei.

Eckenspiel

Die türkische Art auszuzählen könnt ihr gleich für dieses Spiel verwenden. Doch zuvor müßt ihr, wie die türkischen Kinder auch, ein vier Schritt großes Quadrat aufs Pflaster malen. Wenn ihr dafür bunte Kreide habt, um so besser, denn die türkischen Kinder malen jede Ecke mit einer anderen Farbe aus, und zwar blau, rot, grün und gelb. Ein Kind wird ausgezählt, das sich in die Mitte stellt. Es ist das »schwarze« Kind, weil auf seinem Platz keine Farbe ist.

Die anderen Kinder verteilen sich auf die vier farbigen Ecken. Immer zwei Kinder auf den Ecken versuchen nun, miteinander Platz zu tauschen. Dazu geben sie sich gegenseitig heimlich ein Zeichen, indem sie sich beispielsweise zunicken oder zuzwinkern. Alsdann spurten sie schnell los, um die Ecken zu wechseln. Das »schwarze« Kind aber versucht gleichzeitig, eine der für einen Augenblick freien Ecken zu besetzen. Gelingt es ihm, muß das Kind ohne Platz in die Mitte.

Spieler: 5

Legehenne

Spieler:
4 und mehr

Legehenne spielen vor allem die türkischen Kinder in den Dörfern. Einem Kind werden die Augen verbunden. Es spielt die Legehenne. Die anderen verstecken einen Ball. Danach singen sie folgendes Lied, zu dem sie mit Steinen, die sie in beiden Händen halten, den Takt klopfen:

Legehenne, hallo! Legehenne, hallo!
Wo liegen deine Eier?
In deinem Nest sind sie nicht!

Ist das Lied zu Ende, darf die Legehenne die Binde von den Augen nehmen und nach dem Ball suchen. Die anderen Kinder helfen ihr dabei, indem sie mit ihren Steinen klopfen. Je näher die Legehenne dem Ball kommt, um so schneller und heftiger schlagen sie ihre Steine zusammen. Hat sie den Ball schließlich gefunden, laufen alle schnell auseinander. Die Legehenne aber versucht, eines der fliehenden Kinder abzuwerfen. Das getroffene Kind wird dann zur neuen Legehenne. Zielt die Legehenne jedoch vorbei, muß sie den anderen Kindern den Ball erst abjagen, bevor sie erneut werfen kann.

Le - ge - hen - ne, hal - lo! Le - ge - hen - ne, hal - lo!

Wo lie - gen dei - ne Ei - er? In dei - nem Nest sind sie nicht.

ÄGYPTEN

Ägypten kennst du gewiß als das Land der Pharaonen und der Pyramiden. Ägypten ist neben Rußland und der Türkei das dritte Land auf der Erde, das auf zwei Kontinenten liegt, nämlich Afrika und Asien. Die Trennungslinie zwischen beiden Kontinenten ist der Suezkanal. Obwohl Ägypten sehr groß ist – es ist dreimal so groß wie Deutschland –, leben die meisten der 50 Millionen Einwohner nur auf einem schmalen Streifen Land entlang den Ufern des Nils. In Kairo ist deshalb die Wohnungsnot so groß, daß die Menschen zum Teil auf den Friedhöfen am Rande der Stadt wohnen. Diese Menschen sind so arm, daß sie ihre Kinder nicht in die Schule schicken können. Die Kinder müssen ihnen statt dessen bei ihrer Arbeit, dem Müllsammeln und Müllsortieren, zur Hand gehen.

Taia ya taia

Spieler: 4

Dieses Fangenspiel kennen nicht nur die ägyptischen Kinder, sondern es spielen eigentlich auch alle Kinder im Maghreb; so nennt man die anderen arabischen Länder in Nordafrika. Zuerst stecken die Kinder ein Spielfeld ab. Es darf aber nicht zu groß sein, weil auf engem Raum das Spiel mehr Spaß macht. Ein Kind wird ausgelost, es spielt den Lockvogel. Die anderen Kinder stellen sich in einer Reihe am Spielfeldrand auf, und der Lockvogel stellt sich in die Mitte. Dann ruft der Lockvogel: »Taia ya taia!« Was soviel heißt wie: »Fangt mich doch!« Zugleich hüpft er auf einem Bein davon. Die anderen Kinder laufen ihm nach und versuchen, ihn immer wieder abzuschlagen. Dabei müssen sie jedoch gut aufpassen. Denn gelingt es dem Lockvogel, ein Kind abzuschlagen, das ihn selbst gerade abschlug, wird er frei. Das gefangene Kind aber wird zum neuen Lockvogel. Übrigens darf kein Kind, will es nicht auf einem Bein als Lockvogel herumhüpfen, über den Spielfeldrand hinauslaufen.

Ake akab

Zu beiden Seiten des Niltals erstreckt sich eine unwirtliche Landschaft aus Wüste und Steppe. Nur wenige Menschen leben dort: in den Oasen Dattel- und Olivenbauern und in der Steppe Beduinen mit ihren Herden. Die Beduinenkinder kennen einen Wettlauf, bei dem auch ein langsameres Kind noch mit bei den Gewinnern sein kann.

Dazu messen sie eine Strecke von 100 Schritten ab, die sie durch eine Start- und eine Ziellinie begrenzen. Dann beginnt der Wettlauf. Alle Kinder laufen gemeinsam vom Start weg. Das Kind, das zuerst das Ziel erreicht, bleibt dort stehen und schreit: »Ake akab!« Was so viel heißt wie: »Alle zurück!« Daraufhin muß die Meute wieder umdrehen und zum Start zurücklaufen. Dabei haben die Hinteren natürlich die besseren Chancen, das neue Ziel vor den anderen zu erreichen. Das Kind, das dort zuerst ankommt, ruft wieder: »Ake akab!«, und schon geht die Jagd in die andere Richtung.

So geht es einige Male hin und her, bis schließlich nur noch ein Kind üb-rigbleibt. Das hat den Wettkampf verloren. Dafür darf es aber das nächste Spiel bestimmen.

Erinnert dich dieses Spiel nicht auch ein bißchen an die Geschichte von Hase und Igel?

Spieler:
4 und mehr

JEMEN

Im Gebiet des heutigen Jemen herrschte einst die Königin von Saba. Das Land war damals sehr reich. So steht in der Bibel, daß die Königin 120 Zentner Gold und viele Säcke mit teuren Gewürzen dem König Salomon in Jerusalem schenkte, als sie ihn einmal dort besuchte. Der Reichtum ihres Landes kam von einem ausgeklügelten und weitflächigen Bewässerungssystem, dessen gewaltige Staumauern noch heute zu sehen sind.

Aber auch heute gibt es im Jemen recht fruchtbare Gegenden, vor allem in den Bergen. Auf den Feldern dort wird nicht nur Getreide, Mais und Reis angebaut, sondern auch Kath. Kath ist eine Pflanze, deren Blätter die meisten Erwachsenen im Jemen nach dem Mittagessen kauen. Dann dösen sie eine Weile vor sich hin, denn Kath ist ein leichtes Rauschmittel, das ungefähr so wirkt wie unser Bier.

Sandmalerei

Überwiegend ist Jemen ein sandiges Land mit weiten Wüstengebieten. Und wie überall auf der Welt, wo es viel Sand gibt, malen die Kinder gerne Figuren in den Sand. Diese Figuren werden in einem Zug gezeichnet, ohne daß man absetzen oder eine Linie doppelt ziehen darf. So wie die Kinder hier das »Haus vom Nikolaus« in einem Zug auf ein Blatt Papier zeichnen, ziehen die Kinder im Jemen das »Siegel Mohammeds« mit einem Schwung in den Sand. Versuche einmal, es ihnen gleichzutun!

Spieler:
1 und mehr

39

Der versteckte Sand

Spieler:
2 und mehr

Der versteckte Sand ist ein richtiges Wüstenspiel. Die jemenitischen Kinder teilen sich dazu in zwei Mannschaften. Jede Mannschaft steckt ein Gebiet ab. In diesem Gebiet verteilen die Kinder dann fünf Sandkegel. Dazu lassen sie den Sand so lange durch die Faust rieseln, bis ein ungefähr zwei Hände hoher Kegel aufgehäuft ist. Auf ein Kommando hin suchen beide Mannschaften gleichzeitig im Gebiet der anderen nach den Sandhäufchen. Haben die Kinder eins gefunden, platten sie es zum Beweis dafür ab. Gewonnen hat die Gruppe, die zuerst alle fünf Sandkegel entdecken konnte.

Da es hier oft mehr Steine als Sand gibt, könnt ihr, falls ihr das Spiel nachspielen wollt, auch kleine Steinhaufen bauen oder »Steinmanderl«, wie man dazu in Süddeutschland sagt.

Stocklauf

Für dieses Fangenspiel teilen sich die Kinder in zwei Gruppen. Sie stellen sich ungefähr dreißig Schritte voneinander entfernt auf, und jede Gruppe zieht eine Linie in den Sand. Hierauf legen sie einen armlangen Stock in das Spielfeld zwischen sich. Der Stock liegt aber nicht in der Mitte zwischen beiden Gruppen, sondern nur zehn Schritte von der einen entfernt. Die Kinder dieser Gruppe sind die Stockläufer, die anderen die Fänger.
Auf »Los!« rennen ein Stockläufer und ein Fänger aufeinander zu. Der Stockläufer spurtet jedoch nur bis zum Stock, hebt ihn auf und eilt mit dem Stock in der Hand sofort zurück. Er versucht, seine Startlinie zu erreichen, bevor ihn der Fänger abschlagen kann. Schafft er es, haben die Stockläufer einen Strich im Sand gewonnen. Wird er jedoch erwischt, dann machen sich die Fänger einen Strich. Das Spiel geht zunächst so lange, bis jedes Kind in beiden Mannschaften einmal gelaufen ist. Danach wechseln die Rollen: Die Fänger werden zu Stockläufern und umgekehrt. Die Gruppe, die nach dieser Runde insgesamt die meisten Striche in den Sand machen konnte, hat den Wettlauf gewonnen.

Spieler:
2 und mehr

AFGHANISTAN

Afghanistan wird vom Hindukusch beherrscht, einem bis zu 7000 Meter hohen Gebirge. In Afghanistan bestimmt noch immer der Krieg den Alltag der Menschen. Viele Familien leben vom Teppichknüpfen. Früher zierten Blumen und Vögel ihre Teppiche, heute gibt es auch welche mit Panzern, Gewehren und Kanonen.

Obwohl die Kinder im Krieg aufgewachsen sind, spielen sie gern miteinander, denn das ist eine der wenigen Möglichkeiten, die Schrecken des Krieges zu vergessen. Mädchen und Buben spielen meistens zusammen.

Torwächter

Für das Torwächterspiel braucht ihr nur einen kleinen Ball. Die afghanischen Kinder spielen es mitten auf der Straße. Das könnt ihr natürlich nicht machen.

Die Kinder stellen sich zu einem Kreis zusammen. Dabei spreizen sie die Beine und berühren mit ihren Füßen die Füße ihrer Nachbarn. Ein Kind, das zuvor ausgezählt wurde, steht mit dem Ball in der Kreismitte. Es versucht, den Ball zwischen den Füßen eines Mitspielers hindurchzurollen. Der aber muß schnell seine Beine schließen, um den Ball zurückzuhalten. Mißlingt ihm dies, scheidet er aus.

Spieler:
5 und mehr

Das Diebespiel

Spieler: 5 - 6

Das *Diebespiel* der afghanischen Kinder ist ein richtiges kleines Theaterstück. Und zwar spielt ein Kind einen Bauern, der zum Bürgermeister geht und sich beklagt, daß der Dieb ihm ein Huhn gestohlen hat. Daraufhin schickt der Bürgermeister den Polizisten aus, den Dieb zu fangen. Der Polizist bringt den Dieb zum Richter, der ihn befragt. Danach setzen sich alle Kinder, außer dem Dieb, zusammen und beraten, ob und wie sie den Dieb bestrafen. Hierauf muß der Dieb vor dem König knien, der das Urteil verkündet. Meist muß der Dieb zur Strafe irgend etwas tun, beispielsweise einen geworfenen Ball holen, den Boden küssen oder den König ein Stück tragen.

Wer wen spielen darf, würfeln die afghanischen Kinder zuvor aus. Und da die wenigsten von ihnen einen Würfel besitzen, werfen sie eine leeren Zündholzschachtel. Dabei bedeutet jede Seite eine bestimmte Figur:

* Oberseite: Bauer
* Unterseite: Dieb
* Obere Reibfläche: Polizist
* Untere Reibfläche: Bürgermeister
* Linke Schmalseite: Richter
* Rechte Schmalseite: König

Zum Würfeln hält jedes Kind die Zündholzschachtel ein paar Handbreit über den Boden und wirft sie wie einen Würfel. Die Seite, die obenauf liegt, bestimmt, wen das Kind darstellen darf. Ist eine Rolle schon vergeben, darf das Kind so lange werfen, bis die Schachtel eine freie Figur anzeigt.

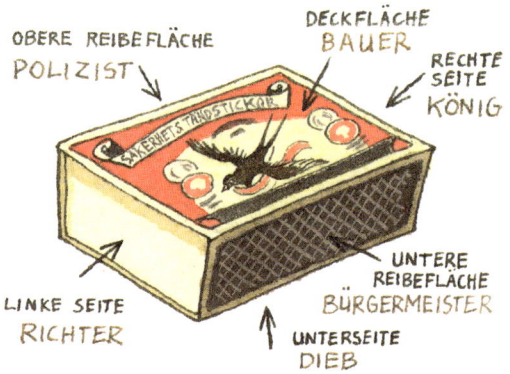

OBERE REIBEFLÄCHE
POLIZIST

DECKFLÄCHE
BAUER

RECHTE SEITE
KÖNIG

LINKE SEITE
RICHTER

UNTERE REIBEFLÄCHE
BÜRGERMEISTER

UNTERSEITE
DIEB

CHINA

Über eine Milliarde Menschen leben in China. Vom Platz her wäre das kein Problem, denn China ist sehr groß, größer als die USA. Aber nur ein kleiner Teil des Landes ist bewohnbar. Der Rest ist Gebirge, Steppe oder Wüste. Deshalb will die chinesische Regierung, daß jede Familie nur ein Kind hat. Eltern, die mehr Kinder haben, bekommen Ärger. Ihnen wird weniger geholfen, und sie müssen für ihre Kinder vieles bezahlen, was für andere Eltern umsonst ist, zum Beispiel den Arzt. Deswegen gibt es in China viel mehr Kinder ohne Geschwister als hier. Manchmal sind die Kinder traurig, weil sie gerne einen Bruder oder eine Schwester hätten. Andererseits werden sie auch oft verwöhnt.

Übrigens, ein chinesisches Spiel hast du sicher auch schon mal gespielt, nämlich Mikado.

Federball

Federball wird in China ganz anders gespielt, als du es von hier kennst. Es wird nämlich ohne Schläger gespielt. Auch der Federball ist anders. Viele chinesische Kinder, vor allem die Bauernkinder, basteln sich ihre Federbälle selbst.

Für einen chinesischen Federball brauchst du einen festen und dicken Karton. Auf den Karton legst du eine Untertasse und ziehst einen Kreis, den du ausschneidest. Die Scheibe malst du schön bunt an. Danach kommt das Schwierigste. Du mußt nämlich noch vier Hühnerfedern in die Mitte stecken und mit einem Klebestreifen festkleben. Das Problem dabei dürfte für dich wahrscheinlich sein, dir die Hühnerfedern zu besorgen. Wenn du keine bekommst, kannst du dir auch vier Federn aus Papier basteln.

Ist der Federball fertig, wird er von dem Kind in die Luft geworfen und dann immer wieder mit den Füßen getreten, damit er möglichst lange nicht zu Boden fällt.

Spielen mehrere Kinder gemeinsam mit dem Federball, treten sie sich die

Scheibe gegenseitig zu. Fällt dabei einem Kind der Federball zu Boden, scheidet es aus. Das Kind, das am Schluß übrigbleibt, hat gewonnen.

Blinde Kuh auf chinesisch

Die chinesischen Kinder nennen dieses Spiel *Mit der Hand fischen.* Dazu grenzen sie als erstes ein Spielfeld ein. Dann bestimmen sie ein Kind zum Fischer. Dem Fischer werden die Augen verbunden. Die anderen spielen die Fische.

Der Fischer streckt seinen Arm aus und hält dabei seine Handfläche nach unten. Die Fische necken nun den Fischer, indem sie mit den Zeigefingern von unten gegen seine Hand stupsen. Der Fischer versucht, einen Zeigefinger zu greifen. Erwischt er den Fisch, so muß er noch erraten, wie das Kind heißt. Rät er richtig, tauscht er mit dem Kind die Augenbinde.

Das Spiel läuft aber nur innerhalb der umgrenzten Spielfläche ab, dem Meer. Kein Fisch darf es verlassen. Tappt der blinde Fischer darüber hinaus, rufen ihn die Fische zurück.

Um das Spiel noch spannender zu machen, kann der Fischer sagen: »Das Wasser steigt.« Worauf die Fische nur noch auf Zehenspitzen laufen. Sagt der Fischer aber: »Das Wasser sinkt«, dann dürfen sich die Fische nur in der Hocke bewegen.

Spieler:
4 und mehr

47

Blumentopf

Spieler: 3

Dieses Spiel spielen in China die Mädchen, aber es ist für Jungen nicht weniger lustig.

Drei Kinder stellen sich dazu im Kreis auf und reichen sich auf eine besondere Art die Hände. Und zwar geben sie einander über Kreuz die rechte in die linke Hand. Dazu singen sie folgenden Vers:

»Wir kreuzen die Hände
und kriegen sie nicht mehr auf,
drum steig in den Brunnen
und kletter wieder raus.
Doch etwas mußt du
dann noch machen:
Laß mal 'nen Blumentopf
zerkrachen!«

Während sie den Vers singen, steigt eins der Kinder, wenn es heißt: »Drum steig in den Brunnen . . .«, in die Mitte der gekreuzten Hände. Hierauf muß es noch über die beiden Arme seiner Mitspieler klettern. Dadurch wird aus den zuvor gekreuzten Armen ein Rund. Singen die Kinder dann die letzte Zeile, heben sie die Arme hoch, schleudern sie heftig nach unten und lassen einander los. Doch gleich darauf kreuzen sie die Hände wie zuvor, und ein anderes Kind klettert darüber.

Wollt ihr das Spiel nachspielen, dürft ihr bis zum Liedende die Hände nicht lösen.

Blumenspiel

Auf dieses Spiel sind die Kinder in China wahrscheinlich beim Blumenpflücken gekommen. Jedenfalls habt ihr, wenn ihr es ihnen nachmacht, am Ende auch einen schönen Blumenstrauß. Zuvor aber muß jedes Kind, das mitspielen will, zehn Blumen, Gräser oder Blätter sammeln.

Dann setzen sich alle in einem Kreis zusammen. Ein zuvor ausgelostes Kind beginnt. Es legt eine Blume, beispielsweise einen Löwenzahn, in den Kreis. Reihum muß nun jedes Kind, das gleichfalls einen Löwenzahn gepflückt hat, diesen dazulegen. Daraufhin sammelt das erste Kind allen ausgelegten Löwenzahn ein und legt ihn zu seinen Blumen.

Spieler:
3 und mehr

Nun ist die Reihe am nächsten Kind, eine Blume, ein Gras oder ein Blatt in den Kreis zu legen. Das Spiel wird so lange fortgesetzt, bis jedes Kind wenigstens einmal an der Reihe war. Das Kind, das danach die meisten Blumen besitzt, hat gewonnen. Es darf alle Blumen und Gräser zusammenstecken und in eine Vase stellen.

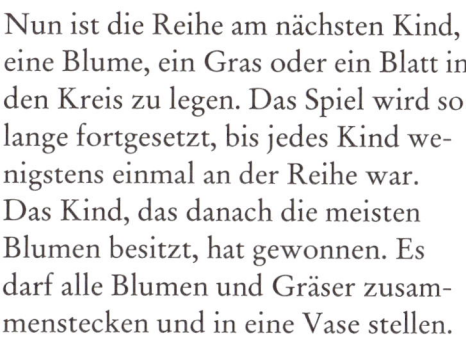

MONGOLEI

Anders als in China leben in der Mongolischen Volksrepublik nur wenige Menschen. Es sind gerade zwei Millionen. Dabei ist die Mongolei ein großes Land. Doch das Klima ist sehr rauh und trocken, und es gibt weite Wüsten und endlose Steppen. In diesen Steppen hüten die Mongolen den Sommer über ihr Vieh, hauptsächlich Schafe, Ziegen und Jaks, eine kleine Rinderart. Zu dieser Zeit wohnen viele Familien in Jurten. Das sind große lederbedeckte Zelte. Im Winter aber ziehen sie in die Stadt, in ganz normale Wohnungen.

Mongolisches Fingerknobeln

Das Spiel *Stein, Schere und Papier* ist eine Fingerknobelei. Die mongolischen Kinder spielen ein ähnliches Spiel mit allen fünf Fingern. Dabei besiegt der Daumen den Zeigefinger. Der Zeigefinger ist stärker als der Mittelfinger, der seinerseits über dem Ringfinger steht. Dieser bezwingt wiederum den kleinen Finger. Der kleine Finger aber gewinnt über den Daumen.

Jedes Kind, das mitspielt, hält eine Hand hinter den Rücken. Dann wird gemeinsam bis drei gezählt, und alle ziehen gleichzeitig die Hand mit weggestreckten Fingern hinterm Rücken vor. Jedes Kind, dessen Fingerzahl von einem anderen überboten wird, scheidet aus. Es wird so lange gespielt, bis nur noch ein Kind übrigbleibt. Dann beginnt wieder eine neue Runde, bei der alle mitmachen dürfen.

Spieler: 2 - 5

Kameljagd

Spieler: 2

Auch heute ist das Kamel in der Mongolei ein wichtiges Transportmittel. Denn mit einem Kamel gelangt man mühelos an Orte, die man mit einem Auto nicht mehr erreichen kann. Der Fußabdruck eines Kamels war vor langer, langer Zeit einmal Vorlage für dieses Spiel.

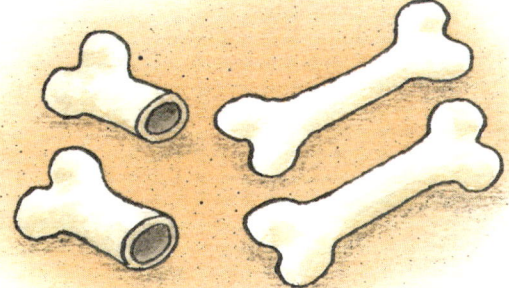

Die mongolischen Kinder zeichnen einen solchen Kamelfuß in den Sand. Er stellt ein Spielfeld mit fünf Eckpunkten dar. Die Einbuchtung soll dabei ein Brunnen sein. Jedes Kind hat zwei Spielsteine. Die Mongolen nehmen dazu meistens Knöchelchen. Jedenfalls müssen sich die Spielsteine beider Kinder unterscheiden. Denn das eine Kind führt die Kamele und das andere die Hirten.

Zu Beginn setzen beide Zug um Zug ihre beiden Spielsteine auf Punkte am Spielfeldrand. Danach schiebt jedes Kind abwechselnd einen seiner Steine auf den gerade freien Punkt. Dabei darf es über Kreuz oder den Rand entlang ziehen. Nur am Brunnen vorbei darf nicht gezogen werden. Es wird so lange gespielt, bis ein Kind nicht mehr ziehen kann. Dieses Kind hat das Spiel verloren. Es sagt dann: »Meine Hirten (oder meine Kamele) haben geschlafen.«

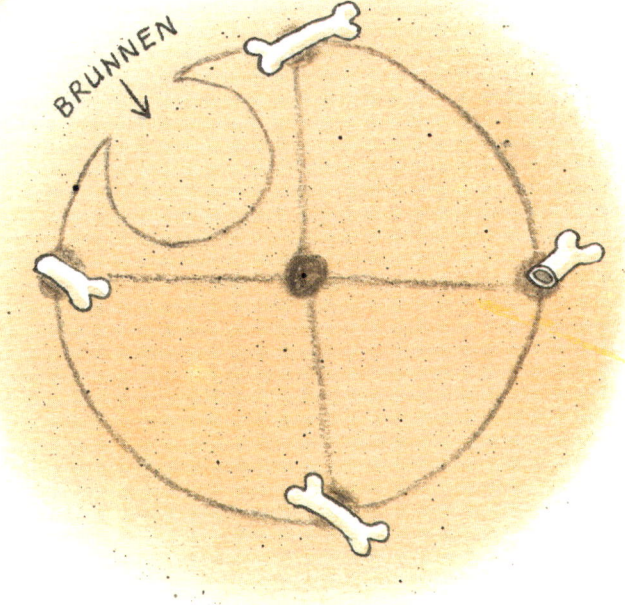

BRUNNEN

JAPAN

Japan ist das einzige Land auf der Welt, in dem noch ein Kaiser regiert. Obwohl Japan sehr modern ist, haben jahrhundertealte Bräuche und Sitten nach wie vor eine große Bedeutung. So ist es etwa in Japan selbstverständlich, daß die Kinder streng erzogen werden und schon sehr früh lesen und schreiben lernen müssen. In den Kindergärten gibt es deshalb bereits richtige Leseprüfungen. Für die Eltern der Kinder sind diese Prüfungen sehr wichtig. Denn das Ergebnis entscheidet, welche Schule ihr Kind später besuchen darf. Am liebsten würden nämlich alle Eltern ihr Kind auf eine Eliteschule schicken. Das sind Schulen, in denen es besonders streng zugeht. Ein Kind, das eine solch bedeutende Schule besucht, kann fest damit rechnen, daß es später auch eine ganz bedeutende Arbeit bekommt.

Manchmal ist es wirklich ein kleines Wunder, daß die japanischen Kinder bei all dem Lernen noch Zeit zum Spielen finden. So spielen sie etwa *Dreh dich nicht um, der Fuchs geht um* nach den gleichen Regeln wie die Kinder bei uns. Nur nennen sie das Spiel anders, nämlich *Hankachiotoshi.*

53

Vögelein im Käfig

Spieler:
5 und mehr

Die Japaner sagen, daß ein Kranich 1000 und eine Schildkröte 10 000 Jahre alt wird. Darum steht ein Kranich oder eine Schildkröte auf vielen Geburtstagskarten. Das Lied zu diesem Spiel erinnert an die Bedeutung der beiden Tiere.

Die japanischen Kinder stellen sich dazu in einem Kreis auf. Ein Kind steht in der Mitte und hält sich die Augen zu. Die anderen Kinder fassen sich an den Händen und ziehen um das Kind in der Mitte herum. Dazu singen sie folgendes Lied:

Danach bleiben die Kinder stehen. Das Kind in der Mitte muß nun raten, welches Kind genau hinter ihm steht. Rät es richtig, darf es mit ihm den Platz tauschen; andernfalls muß es eine weitere Runde in der Mitte bleiben.

Vö - ge - lein, Vö - ge - lein sitzt al-lein im Kä - fig.

Vö - ge - lein, wann wirst du fliehn? Wann wirst du fliehn?

Es ge - schieht noch die - se Nacht: Schild-krö-te und Kra-nich

ver-schwin-den. Wer steht dir im Rük - ken? Rat dich frei!

Schäfchen und Wolf

Ein Kind wird ausgezählt. Es darf den Wolf spielen. Die anderen Kinder spielen die Schafe.

Die Schafe müssen sich zunächst einen Pferch bauen. Dazu markieren sie mit ihren Jacken ein Quadrat auf dem Boden, in dem sie alle Platz haben. Sodann halten sie sich die Augen zu, und ein Schaf, der Leithammel, zählt laut bis 100. Soviel Zeit hat der Wolf, um sich zu verstecken. Danach machen sich die Schafe auf, den Wolf zu suchen. Die gewöhnlichen Schafe halten sich dabei hinter ihrem Leithammel.

Entdecken die Schafe schließlich den Wolf, so ruft der Leithammel diesen Spruch:

»Alle Schafe laufen
schnell auf einen Haufen.

Ich seh' den wilden, wilden Wolf!«
Erst bei dem Wort »Wolf« darf der Wolf aus seinem Versteck herausspringen. Und erst wenn der Wolf seinen ersten Satz gemacht hat, dürfen die Schafe vor ihm fliehen. Darum ärgert das Kind, das den Leithammel spielt, meist den Wolf ein wenig, indem es beispielsweise zuerst ruft: »Ich seh' den wilden, wilden Tiger!« Ist aber der Wolf aus seinem Versteck gesprungen, laufen die Schafe schnell zu ihrem Pferch zurück.

Spieler:
5 und mehr

In ihrem Pferch sind sie vor dem Wolf sicher. Der aber versucht, möglichst viele Schafe abzuschlagen. Jedes gefangene Schaf wird in der nächsten Runde zu einem Wolf.

Die nächste Runde beginnt ebenso wie die erste. Ein Schaf zählt bis 100, und die Wölfe verstecken sich. Wird dann ein Wolf entdeckt, dürfen alle Wölfe aus ihren Verstecken springen, sobald der Leithammel »Ich seh' den wilden, wilden Wolf!« ruft.

Das Spiel wird so lange fortgesetzt, bis kein Schaf mehr übrig ist.

Otadama

Otadama sagen die Japaner zum Jonglieren. Besonders gern jonglieren die japanischen Mädchen. Sie nähen sich dazu aus farbenprächtiger Seide fünf oder sechs handtellergroße quadratische Säckchen. Diese Säckchen füllen sie gut zur Hälfte mit Reis und nähen sie dann zu. An jedes Säckchen wird noch eine Schelle genäht, damit das Jonglieren nicht nur hübsch aussieht, sondern auch schön klingt.

Willst du auch das Jonglieren lernen, so beginnst du am besten wie die japanischen Mädchen erst einmal mit zwei Säckchen. Bist du dann sicher im Fangen und Werfen, nimmst du ein drittes Säckchen hinzu. So kommt nach und nach ein Säckchen mehr dazu, bis du vielleicht so gut bist, daß du mit allen sechs Säckchen jonglieren kannst.

INDIEN

Wenn man von Indien spricht, spricht man auch oft vom »indischen Subkontinent«. Damit will man die Größe und Vielfältigkeit Indiens ausdrücken. So werden in Indien beispielsweise 150 verschiedene Sprachen gesprochen. Um diese Sprachen niederzuschreiben, gibt es 15 verschiedene Schriften. Hinzu kommt noch die Druckschrift für die englische Sprache, die im ganzen Land verbreitet ist.

So unterschiedlich wie die Sprachen, so unterschiedlich ist auch das Schicksal der Kinder in Indien. Viele Kinder leben nicht anders als du: mit Schule, Fernsehen und schönen Spielsachen. Andererseits leben aber auch viele Familien, vor allem auf dem Land, in großer Armut. Manche Eltern haben so unerträgliche Schulden bei einem Geldverleiher, daß sie ihre Kinder als Pfand weggeben müssen. Diesen Kindern geht es sehr schlecht. Sie müssen den ganzen Tag arbeiten. Am Abend sind sie dann so müde, daß sie nicht mehr spielen können und nur noch schlafen wollen.

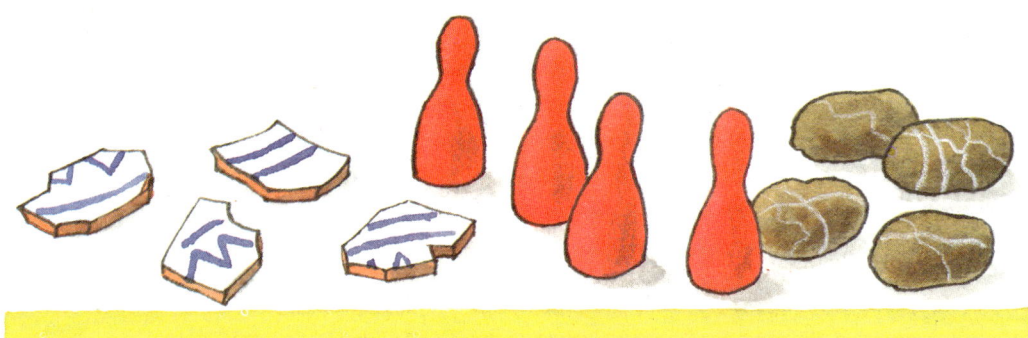

Jendrapur

Spieler: 2 - 4

Jendrapur kommt aus Rajasthan. Rajasthan liegt im Nordwesten von Indien und ist fast ebenso groß wie Deutschland. *Jendrapur* spielen Erwachsene und Kinder gerne. Das ist nicht viel anders als bei unserem *Mensch ärgere Dich nicht*, das übrigens auch aus Indien stammt.

Den Spielplan für *Jendrapur*, so wie ihr ihn hier seht, nähen sich die indischen Kinder aus hellen und dunklen Flicken selbst zusammen. Auf jedes der fünf markierten Felder sticken sie dann noch ein Kreuz, und das Spiel ist fast fertig; denn was man noch dazu braucht, ist schnell gefunden, nämlich:

* 4 Gehäuse von Kaurischnecken und
* 4 gleichfarbige Steine für jeden Spieler.

Mit dem Gehäuse der Kaurischnecke wird in Indien gewürfelt. Da diese Tierart aber nur im warmen Meerwasser lebt, gibt es sie bei uns nicht. Statt dessen könnt ihr Walnußschalen nehmen. Öffnet dazu zwei Walnüsse so vorsichtig, daß alle vier Schalenhälften heil bleiben.

Als Spielsteine benutzen die indischen Kinder Glasscherben, Ziegelsplitter oder gleichfarbige Kiesel. Gespielt wird *Jendrapur* von den Kindern in Rajasthan auf folgende Weise:

Spielen nur zwei Kinder, sitzen sie sich gegenüber. Jedes Kind hat seinen eigenen Weg zum Ziel. Trotzdem ist dieser Weg für jeden Spieler gleich, wie ihr hier sehen könnt. Er schlängelt sich von eurem Startfeld zur Mitte hin. Um voranzukommen, würfeln die Kinder mit allen vier Schneckenhäusern auf einmal. Dabei gibt es folgende fünf Möglichkeiten, wie die Schneckenhäuser – oder eure Nüsse – fallen können.

* Eine Schale liegt offen, und drei zeigen mit dem Rücken nach oben: Du mußt, wenn du Steine in der Hand hast, einen Stein auf dein Startfeld setzen. Sind aber alle deine Steine im Spiel, darfst du ein Feld weiter ziehen.

* Zwei Schalen liegen offen: Du darfst mit einem Stein zwei Felder weiter ziehen.

* Drei Schalen liegen offen: Du führst einen Stein drei Felder weiter.

* Vier Schalen liegen offen: Du ziehst vier Felder voran und darfst noch einmal würfeln.

* Vier Schalen zeigen mit dem Rücken nach oben: Du springst acht Felder weiter und darfst noch einmal würfeln.

Jedes Kind versucht, seine Steine möglichst schnell in die Mitte zu bringen. Alle Steine, die genau in die Mitte gewürfelt werden konnten, sind frei. Sie bleiben dort liegen.

Ein Kind kann mit jedem Wurf einen Stein über sein Startfeld ins Spiel bringen. Es muß dazu nicht auf eine Eins warten.

Auf einem Feld dürfen mehrere Steine der gleichen Farbe liegen. Landet aber ein Kind mit seinem Stein auf einem Feld, auf dem schon ein oder mehrere fremde Steine liegen, sind diese Steine geschlagen. Das andere Kind muß sie wieder an sich nehmen. Gewonnen hat das Kind, das vor den anderen mit seinem vierten Stein in die Mitte zieht.

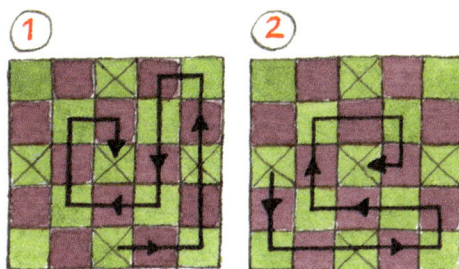

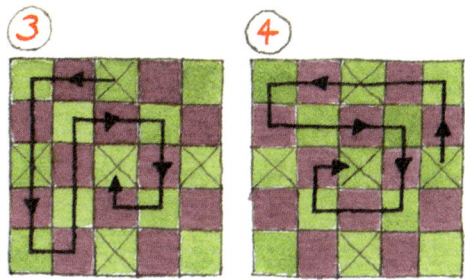

TANSANIA

In Tansania erhebt sich der höchste Berg Afrikas, der Kilimandscharo. Das ist Suaheli und bedeutet: »Berg des bösen Geistes«. Diesen Namen gaben ihm die Menschen, die an seinen Hängen wohnten, weil der Kilimandscharo aus drei Vulkanen zusammengewachsen ist. Mit beinahe 6000 Metern ist er so hoch, daß auf ihm ewiger Schnee liegt und es unterhalb des Gipfels mächtige Gletscher gibt – und das nur 300 Kilometer vom Äquator entfernt!

Leopardenfalle

Auf der ganzen Welt spielen die Kinder Reigen. Du kennst gewiß den Reigen *Machet auf das Tor, es kommt ein goldener Wagen.*
Leopardenfalle ist ein ähnlicher Reigen der Kinder in Tansania.
Zwei Kinder halten sich an den Händen und heben die Arme hoch. Die anderen Kinder ziehen im Kreis darunter durch. Dabei singen alle zusammen:

Spieler:
6 und mehr

> »Löwe und Leopard,
> Löwe und Leopard,
> zwei Jäger in der Nacht.
> Löwe und Leopard,
> Löwe und Leopard
> schlagen ihre Beute.«

Dieser Vers wird langsam und gleichmäßig gesungen. Die Kinder klatschen dazu und laufen genau im Takt, nicht schneller und nicht langsamer. Das ist sehr wichtig! Denn mit dem Versende klappt die Falle zu. Dazu senken die beiden Kinder, die das Tor machen, ihre Arme, um ein Kind festzuhalten. Dieses Kind scheidet vorerst aus.

Mit dem nächsten Kind aber, das gefangen wird, bildet es ein zweites Tor. Das geht paarweise so weiter, bis schließlich nur noch zwei Kinder übrigbleiben. Die haben dann gewonnen und dürfen das erste Tor im neuen Spiel machen.

KENIA

Die Länder Schwarzafrikas zählen allesamt zur »dritten Welt«. Kenia gilt unter ihnen als ein wohlhabendes Land. Doch nach unseren Maßstäben ist dieser Wohlstand immer noch Armut. Jedenfalls können sich die meisten Kinder in Kenia nicht vorstellen, daß es einen Laden gibt, in dem man Spielzeug kaufen kann. Aber die Kinder vermissen einen solchen Laden auch nicht, denn sie basteln sich ihr Spielzeug selbst. Geradezu berühmt sind ihre Drahtautos.

Aus weggeworfenem Elektrodraht, Konservenbüchsen und anderen Metallabfällen formen sich die kenianischen Kinder mit viel Geschick Modellautos. Die Räder dieser Modellautos rollen richtig, und viele Autos sind lenkbar. Sehr beliebt sind lange Lenkstangen mit einem großen Drahtlenker, mit dem man das Auto im Gehen schieben und lenken kann. Die Kinder tragen mit diesen Autos spannende Rallyes aus, also Geschicklichkeitsrennen.

Tanz und Musik

Tanzen, Singen und Musikmachen mögen die Kinder in Kenia genauso gern wie ihr. Da sie aber nicht mit den kostbaren Instrumenten der Erwachsenen spielen dürfen, basteln sie sich auch ihre Trommeln, Pfeifen, Flöten und Rasseln selber.

So fertigen sie sich zum Beispiel aus einer Handvoll Kronkorken und einer Astgabel eine Rassel. Dazu werden die Kronkorken auf eine Schnur gefädelt und in zwei oder drei Reihen in die Astgabel gespannt. Die Kronkorken müssen dabei aneinanderstoßen können, damit die Rassel schön voll klingt.

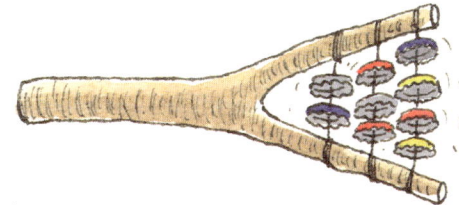

Kleine Trompeten drehen sich die Kinder aus den Blattrippen der Kokospalme, und Flöten schneiden sie aus den Zweigen des Papayabaumes.

Sehr beliebt sind bei den Mädchen Rasselketten, die sie sich um den Hals hängen. Sie formen die daumengroßen Kugeln der Kette ebenfalls aus Palmenblättern, die sie mit ein paar Steinchen füllen. Beim Tanzen rascheln dann die Ketten wie Palmen im Wind. Mit Papier und ein paar Trockenerbsen könnt auch ihr euch solche Ketten machen.

Wenn die Kinder mit ihren Instrumenten musizieren, tanzen sie gerne einen *Bump*. Wobei die Jungen mit Jungen und die Mädchen mit Mädchen tanzen. Beim *Bump* stößt man sich gegenseitig erst mit der Schulter und dann mit dem Hinterteil; dazu wiegt man sich im Takt.

Mach meine Füße nach

Spieler:
6 und mehr

Für dieses Spiel werden ein Vortänzer und ein Vortrommler ausgezählt. Die Kinder bilden einen Kreis. Der Vortänzer steht in ihrer Mitte. Der Vortrommler gibt den Rhythmus vor, etwa so:
»Bumm, Bumm, tack-tack-tack. Bumm, Bumm, tack-tack-tack.«
Die anderen Kinder klatschen den Rhythmus mit. Der Vortänzer aber macht auf den Rhythmus einen Tanzschritt, der ihm gerade so einfällt.

Diesen Tanzschritt wiederholt er einige Male, dann muß ihn der Vortrommler nachmachen. Gelingt ihm das ohne große Patzer, darf er den Vortänzer ablösen, und ein anderes Kind wird Vortrommler.
Das Spiel spielen die Kinder in Kenia so lange, bis jedes einmal den Vortänzer gemacht hat.

64

Palme und Wind

Für die Menschen in weiten Teilen Afrikas ist die Kokospalme so etwas wie eine »eierlegende Wollmilchsau«, also für so gut wie alles zu gebrauchen. Die Kokospalme liefert nämlich nicht nur die Nüsse zum Essen, sondern auch Fasern für Seile, Blätter zum Dachdecken, Holz zum Bauen und Heizen und schließlich auch den Saft für den Palmwein. Die Kinder in Kenia singen das folgende Lied für die Palme.

»Das Palmblatt, das Palmblatt.
Die Palme, die Palme.
Wenn der Wind kommt,
werden wir vor Kälte bibbern.«
Zu diesem Lied fassen sich die Kinder bei den Händen und gehen im Kreis. Bei der letzten Zeile »werden wir vor Kälte bibbern« schütteln sie sich ganz heftig, so, als würden sie fürchterlich frieren.

Spieler:
4 und mehr

GHANA

Ghana liegt im Westen Afrikas nahe am Äquator. Früher wurde diese Gegend Afrikas als Guinea bezeichnet. Hier beginnt der tropische Regenwald, der sich dann weiter nach Süden über den Äquator hinaus ausdehnt. Auch der afrikanische Regenwald wird Jahr für Jahr ein Stück kleiner. Doch steht es hier um den Regenwald nicht so schlimm wie anderswo, wo der Dschungel schon fast ganz verschwunden ist. Vielleicht liegt es daran, daß viele Afrikaner eine Naturreligion haben. Das bedeutet, daß sie in der Natur den lieben Gott sehen, den man natürlich nicht verletzen darf. Der Regenwald ist für alle Menschen auf der Erde sehr wichtig, weil er mithilft, das Klima zu regeln.

Schnurrkatze

Auch die Kinder in Ghana basteln sich ihr Spielzeug aus weggeworfenen Teilen selbst zusammen. Drahtautos mögen sie ebenso wie die Kinder in Kenia. Doch oft genügen ihnen schon ein Kronkorken und ein Stück Schnur, um sich daraus eine Schnurrkatze zu basteln.

Versuch es doch auch einmal. Schlage mit Nagel und Hammer zwei Löcher in einen Kronkorken und fädle eine armlange Schnur durch.

Nun verknotest du noch die Schnur an beiden Enden, und fertig ist die Schnurrkatze.

Um dieses »Kätzchen« zum Schnurren zu bringen, hältst du die Schnur mit beiden Händen und schleuderst den Kronkorken in der Mitte ein paar Mal um die eigene Achse. Ziehst du dann den Faden an beiden Schlaufen mit Gefühl an, um gleich darauf wieder etwas nachzugeben, dreht sich der Kronkorken schnell hin und her. Dabei klingt es, als schnurrte er wie ein Kätzchen.

Spieler: 1

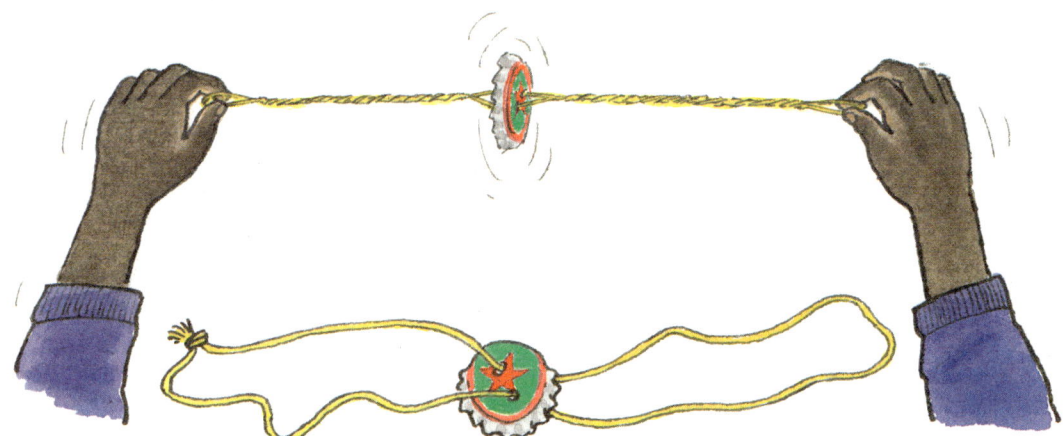

Moskito

Spieler: 1

Schnurspiele kennen die Kinder auf der ganzen Welt. Die Kinder in Ghana formen mit einer zusammengeknoteten Schnur einen Moskito, den sie dann mit einem kleinen Trick wieder verschwinden lassen können. Willst du es ihnen gleichtun, brauchst du nur etwas Bindfaden, etwa so lang wie deine Arme.

Streife die verknotete Schnur über den rechten Daumen und lasse sie über den linken Handrücken hängen.

Mit dem linken Daumen greifst du rückwärts in die herabhängende Schlaufe und spannst die Schnur.

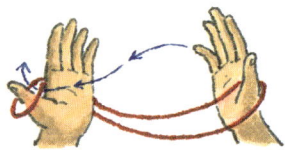

Greife mit dem kleinen Finger der rechten Hand die doppelte Schnur zwischen Daumen und Zeigefinger der linken Hand und ziehe fest.

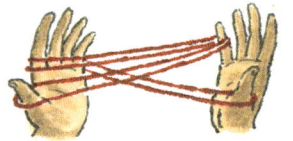

Stecke den kleinen Finger der linken Hand von oben her unter den beiden Fäden der Daumenschlaufe hindurch und ziehe fest.

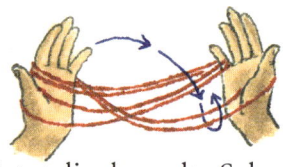

Hebe jetzt die doppelte Schnur am linken Handrücken über die Finger der linken Hand und lasse sie fallen.

Achte dabei aber darauf, daß kein Faden von deinen Fingern rutscht.

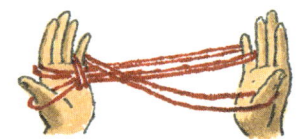

Spanne die Schnur.
Fertig ist der Moskito.

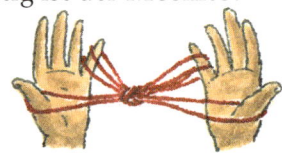

Klatschst du jetzt in die Hände und läßt beim Öffnen heimlich die Schlaufen an deinen kleinen Fingern fallen, verschwindet der Moskito.

Sche Sche Kuulai

Sche Sche Kuulai heißt soviel wie: »Hoppla, weg!« Es ist ein Sing- und Fangspiel, zu dem die Kinder in Ghana ein lautmalerisches Lied singen. Lautmalerisch ist beispielsweise, wenn du singst: »Hoppla di hoppsasa, videldi juchheisasa, videldi bummbumm.« So etwas läßt sich nicht übersetzen, darum kannst du das folgende Lied auch wie die Kinder in Ghana singen.

Spieler:
5 und mehr

Das Lied ist ein Wechselgesang. Die Kinder stehen im Kreis. Ein Kind steht als Vorsänger in der Mitte. Der Vorsänger singt eine Zeile vor, und alle Kinder singen ihm dann nach:

Während der Vorsänger singt, macht er ganz bestimmte Bewegungen vor, die ihm die anderen Kinder beim Nachsingen auch nachmachen: Zuerst legt er die Hände auf den Kopf. Dann hält er die Hände an die Schultern. Mit der dritten Zeile wandern die Hände zu den Hüften. Danach hält er sie wieder an die Schultern. Mit der letzten Zeile aber läßt er sich rückwärts zu Boden plumpsen und strampelt mit den Füßen. Die anderen Kinder machen es ihm gleichfalls nach.

Doch plötzlich springt der Vorsänger auf und versucht, eins der Kinder zu fangen. Die Kinder springen gleichfalls auf und laufen auseinander. Das Kind, das schließlich erwischt wird, muß als neuer Vorsänger in den Kreis.

PERU

An der Grenze Perus zu Bolivien liegt der Titicacasee, fast 4000 Meter über dem Meeresspiegel. Trotzdem gibt es auf ihm einen Linienschiffsverkehr. So hoch fahren nirgends sonst auf der Welt Fahrgastschiffe.

Der Titicacasee war für die Inkas, die vor 500 Jahren über das Land herrschten, von großer Bedeutung. Er galt ihnen als heilig. Die Nachfahren der Inkas leben nach wie vor in Peru. Sie bilden sogar die Mehrheit der Bevölkerung. Doch die Macht in Peru liegt bei den Nachkommen der Spanier, die das gesamte Inkareich eroberten. Viele Indianer sprechen kein Spanisch, sondern die alte Inkasprache Quechua.

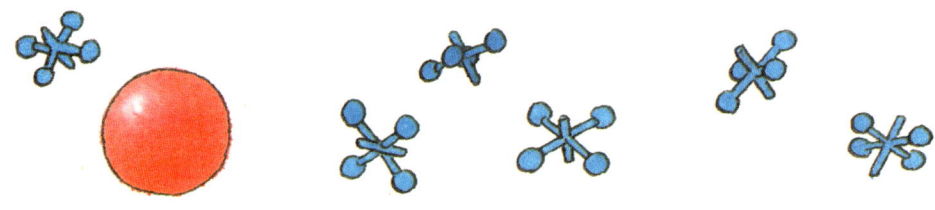

Yas

Geschicklichkeitsspiele wie *Yas* werden von Kindern rund um den Globus mit Steinchen oder Knöchelchen gespielt. Doch bei den Kindern in Peru, vor allem bei den Mädchen, ist dieses Spiel so beliebt, daß es das Zubehör dazu auch zu kaufen gibt. Und zwar besteht ein *Yas*-Spiel aus sechs kugeligen Metallsternen und einem kleinen, festen Ball. Die *Yas*-Sterne sind so geformt, daß sie, wenn man sie fallen läßt, immer auf drei Spitzen zu liegen kommen.

Zunächst losen die Kinder darum, wer beginnen darf. Dazu werfen sie alle sechs Sterne in die Luft und versuchen, sie mit dem Handrücken aufzufangen. Das Kind, das die meisten Sterne fängt, darf beginnen.

Es legt die Sterne auf den Boden oder auf den Tisch und wirft den Ball in die Höhe. Dann greift es einen Stern, wirft ihn schnell in die andere Hand und fängt den niederfallenden Ball aus der Luft. Solange der Ball nicht zu Boden fällt, darf das Kind weiterspielen. Dazu legt es den *Yas*-Stern zurück, wirft den Ball und versucht jetzt, zwei Sterne zu greifen, bevor es

den Ball fängt. Von Mal zu Mal muß es, solange der Ball in der Luft ist, einen Stern mehr aufheben. Kann es den Ball nicht mehr fangen, ist das nächste Kind dran. Es beginnt ebenfalls mit einem *Yas*-Stern.

Ist die Reihe wieder am ersten Kind, darf dieses mit so vielen Sternen weitermachen, wie es aufhören mußte. Das Kind, das als erstes alle sechs Sterne aufheben konnte, hat das Spiel gewonnen.

Hilfe

Das Besondere an diesem Fangspiel ist die ganz eigene Art des Abzählens. Dazu hält ein Kind seine Hand auf, und alle anderen legen ihren Zeigefinger hinein. Plötzlich schnappt das Kind mit seiner Hand zu. Wer nicht schnell genug seinen Finger zurückziehen konnte, ist gefangen und muß den Fänger machen. Bleiben mehrere Kinder mit ihrem Finger in der Hand des anderen stecken, wird unter diesen das »Fingerfangen« fortgesetzt, bis nur noch ein Kind übrigbleibt. Nun geht das eigentliche Spiel los. Der Fänger jagt hinter den anderen Kindern her und versucht, sie abzuschlagen. Ein Kind aber, das in Gefahr ist, gefangen zu werden, schreit laut um Hilfe. Ein anderes Kind kann es retten; es muß dazu nur seine Hand greifen. Der Fänger muß dann von den beiden ablassen. Jedes Kind, das abgeschlagen wurde, muß dem Fänger beim Fangen helfen.

Spieler:
5 und mehr

BRASILIEN

Brasilien umfaßt beinahe die Hälfte der Fläche Südamerikas. Den Amazonas entlang dehnt sich das größte tropische Regenwaldgebiet der Erde aus. In diesem Dschungel gibt es ein paar Indianerstämme, die, unberührt von den weißen Einwanderern, noch leben wie seit Urzeiten. Genauso wie die Tierwelt sind aber auch diese Indianer bedroht, weil tagtäglich riesige Flächen des Regenwaldes abgeholzt werden. Viele Kleinbauern haben das Gebiet schon verlassen und suchen ihr Glück in den Städten.

In diesen Städten, zum Beispiel in Rio de Janeiro, gibt es zwar viele reiche Leute, aber noch mehr arme Familien. Viele Kinder müssen betteln und stehlen. Einige kehren gar nicht mehr in ihre Familien zurück, sondern sind als »Straßenkinder« auf sich allein gestellt.

Nagelfußball

Fußball ist der Nationalsport in Brasilien. Brasilien war schon dreimal Fußballweltmeister. Die Kinder spielen oft den ganzen Tag Fußball. Und wenn sie abends daheim noch immer nicht genug haben, setzen sie sich vor ihre Hütte und spielen *Nagelfußball*. Das Spiel basteln sie aus alten Brettern und einer Handvoll Nägel selbst. Das Spielfeld hat rundum eine Bande. An den Schmalseiten befinden sich die Tore. Das Spielfeld ist in zwei Hälften geteilt. In jeder Hälfte stecken elf Nägel. Sie sind wie eine Fußballmannschaft verteilt.

Gespielt wird mit einer Murmel und einem Holzstab. Mit dem Holzstab darf jedes Kind die Murmel zweimal hintereinander in Richtung Tor stoßen. Dabei muß es nicht warten, bis die Murmel zur Ruhe kommt. Nach dem zweiten Stoß greift das andere Kind den Holzstab und stößt die Murmel auf das andere Tor zu.

Spieler: 2

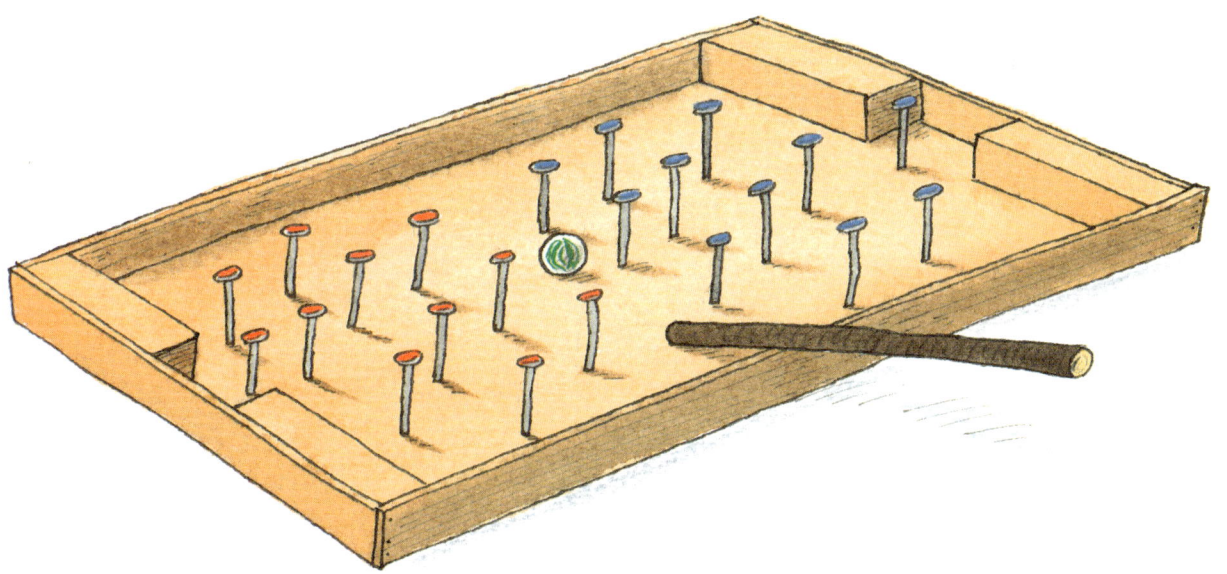

  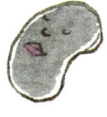  

Bohnenwerfen

Spieler: 2

Weil schwarze Bohnen in Brasilien ziemlich billig sind und auch schön satt machen, kommen sie bei vielen Familien mehrmals in der Woche auf den Tisch. Für die Kinder sind die trockenen Bohnen ein willkommenes Spielzeug.

Beim *Bohnenwerfen* treten zwei Kinder gegeneinander an. Sie graben eine Kuhle in den Boden. Zwei Schritte entfernt davon stellen sie sich auf. Das erste Kind wirft mit sieben Bohnen auf einmal auf die Kuhle. Alle Bohnen, die in die Kuhle fallen, darf es wieder an sich nehmen. Die anderen Bohnen bleiben liegen. Danach wirft das zweite Kind.

Das Kind, das mit den meisten Bohnen in die Kuhle traf, darf nun weiterspielen. Es versucht, die Bohnen am Boden ins Loch zu schnippen. Jede Bohne, die dabei in die Mulde fällt, gehört ihm. Es darf so lange spielen, bis es vorbeitrifft.

Ist die letzte Bohne gewonnen, gehen beide Kinder einen Schritt weiter von der Kuhle zurück. Von dort aus werfen sie mit elf Bohnen auf einmal. In der nächsten Runde treten sie

wieder einen Schritt weiter zurück und werfen mit dreizehn Bohnen. Will keins der beiden Kinder aufgeben, bewegen sie sich Schritt für Schritt von der Mulde weg und werfen mit immer mehr Bohnen.

Bohnensäckchen

Ihre schwarzen Bohnen bewahren die brasilianischen Kinder meistens in kleinen Stoffsäckchen auf, die sie mit einer langen Schnur umwickeln. Diese Bohnensäckchen sind allein schon ein prima Spielzeug. Sie werden von den Kindern hoch in die Luft geschleudert und wieder gefangen oder geschickt nach entfernten Zielen geworfen.

Auch zum Seilspringen taugt so ein Bohnensäckchen: Die Kinder ziehen einen Kreis und stellen sich allesamt hinein. Ein Kind kniet sich in die Mitte und dreht das Bohnensäckchen rundum. Die anderen versuchen, darüber hinwegzuspringen. Jedes Kind, das dabei mit dem Säckchen unterhalb des Knies getroffen wird, muß aus dem Kreis. Treffer über dem Knie zählen nicht.

Spieler:
4 und mehr

77

JAMAICA

Jamaika ist weltweit bekannt für seinen Rum, der aus Zuckerrohr gemacht wird. Die Insel in der Karibik blickt auf eine sehr traurige Geschichte zurück. Die indianische Bevölkerung ging unter der Herrschaft der Spanier elend zugrunde. Später holten sich die weißen Großgrundbesitzer für die Arbeit auf den Zuckerrohrfeldern Tausende von Sklaven aus Afrika. Die Nachfahren dieser Sklaven bilden heute die Mehrheit der jamaikanischen Bevölkerung.

Aus Jamaika kommt auch der Reggae. Das ist eine Musik, die überall auf der ganzen Welt gespielt wird und zu der man toll tanzen kann.

SALLY

Kleine Sally Wasser

Dies ist ein Reigen, bei dem die Kinder in Jamaika einander zeigen, wen sie gern haben. Dazu stellen sie sich im Kreis auf und fassen sich bei den Händen. Ein Kind, Junge oder Mädchen, kauert im Kreis. Es spielt die Sally Wasser. Die Kinder singen das Lied von der kleinen Sally und klatschen im Takt dazu.

Bei der Verszeile »Wachs, Sally, wachs!« steht das Kind langsam auf und tut, als würde es sich Tränen aus den Augen wischen. Dann läuft es erst rechts herum im Kreis und dann links herum.

Schließlich wählt es sich ein Kind aus dem Kreis, das es recht gern mag, und wirbelt mit ihm tanzend herum. Ist das Lied zu Ende, reiht sich die Sally in den Kreis ein, und das andere Kind darf die neue Sally spielen.

E

Klei - ne Sal - ly, Was - ser tröp -felt in den Ei - mer.

B

Wachs, Sal - ly, wachs! Wisch dei - ne Trä - nen

E   C#m

fort. Sal - ly, dreh dich nach Ost; Sal - ly, dreh dich nach

E   A   E   B

West. Sal - ly dreh dich zu dem,den du am lieb - sten

E   A   E

möchst. Geh hin zu ihm, tanz mit ihm. Schließ dei-nen Schatz gut

B   E   A

ein in ein gol-den Heim, oh Sal - ly. Geh hin zu ihm, tanz mit

E   B   E

ihm. Schließ dei-nen Schatz gut ein in ein gol - den Heim.

Spielsachen

Auch die Kinder auf Jamaika basteln sich ihre Spielsachen aus dem, was sie um sich herum vorfinden. Das müssen nicht immer nur Dinge sein, die Erwachsene wegwerfen. So genügt ihnen oft eine einfache Malvenblüte, die sie als Hubschrauber fliegen lassen.

Du kannst so einen Hubschrauber auch aus Papier nachmachen. Schneide dazu solch einen Propeller aus einem Blatt Papier. In den Mittelteil legst du ein Steinchen und knüllst ihn darum. Fertig ist der Hubschrauber. Je nachdem, wie du die beiden Blätter verdrehst, segelt er schneller oder langsamer zu Boden.

Aber auch sonst sind die Kinder auf Jamaika sehr erfindungsreich. So werden flugs aus zwei leeren Konservendosen und zwei Schnüren ein paar Stelzen. Und aus den Wollresten aus Mutters Strickkorb basteln sie sich eine bunte Puppe zum Liebhaben.

SCHWEIZ

Nach unserer Entdeckungsreise mit Franziska und Florian rund um die Welt kommen wir wieder zurück nach Europa, in die Schweiz. Die Schweiz ist ein Land, in dem seit Jahrhunderten vier Volksgruppen friedlich miteinander leben. Für die Schweizer Kinder ist es deswegen selbstverständlich, daß sie mindestens zwei der vier Sprachen, die in ihrem Land gesprochen werden, beherrschen. Die vier Sprachen sind Italienisch, Französisch, Deutsch und Rätoromanisch, eine dem Latein verwandte Sprache.

Der Adler und die Ziegen

Spieler:
6 und mehr

Die beiden berühmtesten Kinderfiguren der Schweiz sind wohl Heidi und Ziegenpeter aus den Heidi-Romanen. Der Ziegenpeter war ein Hütebub, der sich auf einer Alm um die Ziegen kümmern mußte. Auch heute noch können euch auf den Schweizer Bergen Ziegen anmeckern. Und wenn ihr viel Glück habt, könnt ihr gar einen Adler sehen, der hoch am Himmel seine Kreise zieht und vielleicht ein junges Kitz im Auge hat. Die Schweizer Kinder haben daraus ein Spiel gemacht.

Ein Kind spielt den Adler, die anderen spielen die Ziegen. Sie tun so, als würden sie weiden. Plötzlich nähert sich mit ausgebreiteten Flügeln der Adler, umkreist die Ziegen und versucht urplötzlich, sich auf eines der Kinder zu stürzen. Die Ziegen müssen dabei erahnen, welches Kind der Adler greifen möchte, und es schnell schützend umstellen, um es in ihrer Mitte zu verbergen. Beschützen sie dabei das richtige Zicklein, muß der Adler wieder abdrehen und einen neuen Beutezug planen. Sorgen sich die Kinder aber um die falsche Ziege,

ruft der Adler den Namen der Ziege, die er sich als Beute erwählt hatte, und versucht zugleich, sie zu fassen. Können die anderen Kinder das noch verhindern, indem sie ganz rasch diese Ziege beschützen, muß der Adler wieder abdrehen.

Das Spiel ist zu Ende, wenn alle Ziegen bis auf eine gefangen wurden. Diese Ziege darf dann in der nächsten Runde den Adler spielen.

Schokolade schnüffeln

Spieler:
3 und mehr

Die Schweizer Schokolade ist welt-
berühmt. Daher ist es kein Wunder,
daß auch die Schweizer Kinder gerne
davon naschen. Bei diesem Spiel können sich mehrere Kinder eine Tafel
Schokolade teilen. Immer zwei Kinder spielen dabei gegeneinander. Ihnen werden die Augen verbunden,
und ein drittes Kind legt ein Stück
Schokolade auf den Tisch.

Auf »Los!« bewegen die beiden
dann schnuppernd ihre Nasen über
den Tisch. Das Kind, das dabei zuerst das Stückchen Schokolade er-
schnüffeln und verspeisen kann, hat
gewonnen. Übrigens müßt ihr während des gesamten Spiels die Hände
auf dem Rücken halten; also auch,
wenn ihr die Schokolade naschen
wollt.

ÖSTERREICH

Nachttapperl

Zum Schluß des Buches noch ein letztes Spiel. Es stammt aus Österreich.

Wenn die Kinder dort abends vom Spielplatz nach Hause gehen, gibt eins dem anderen plötzlich einen Klaps und ruft im Davonrennen: »Letzter!« Und manchmal schleicht ein Kind dem anderen ein ganzes Stück weit nach, um ihm endgültig das letzte »Tapperl« zu geben. Darum nennen sie dieses Spiel auch *Nachttapperl.*

Empfehlenswerte Bücher

Caspar van den Berg, »So spielen sie in Europa. Kinder und ihre Spiele«; Spectrum Verlag, Fellbach 1971.

Hans-Martin Große-Oetringhaus, »United Kids. Spiel- und Aktionsbuch Dritte Welt. Ein Terre des Hommes-Buch«; Elefanten Press, Berlin 1992.

Frederic V. Grundfeld, »Spiele der Welt. Geschichte – Spielen – Selbermachen«; Schweizerisches Komitee für UNICEF, Zürich 1979.

Ingrid Heller, »Der kürbisgroße Spielball. Spiele aus aller Welt«; Verlag Junge Welt, Berlin 1983.

Matthias Mala, »Prof. Knickrichs Abenteuer-Spielbuch. Kinderspiele aus aller Welt«; Englisch Verlag, Wiesbaden 1989.

Matthias Mala, »365 Spiele. Spiel und Spaß für drinnen und draußen, daheim und unterwegs«; Wilhelm Heyne Verlag, München 1992.

Truus Nijhuis, »Afrikanische Kinderspiele«; Jugenddienst-Verlag, Wuppertal 1981.

»Spiele rund um die Welt. Und einige Geschichten und Lieder«; Deutsches Komitee für UNICEF, Köln 1990.

Milos Zlapetal, »Das Buch der 1000 Spiele. Die schönsten Spiele der Welt«; Südwest Verlag, München 1976.

Was macht die UNICEF?

UNICEF ist die Entwicklungsorganisation der Vereinten Nationen (UNO) für das Kind. UNICEF will in jedem Land der Welt das Bewußtsein für die Rechte der Kinder stärken, diese Rechte schützen und so bessere Bedingungen für eine gesunde Entwicklung der Kinder schaffen. UNICEF ist vor allem dort tätig, wo die Not am größten ist: bei den wirtschaftlich Schwächsten, den Kindern und Frauen in den Entwicklungsländern. Durch langfristige Entwicklungsprojekte sollen hier die Lebensgrundlagen von Kindern und Müttern verbessert werden.
Auskünfte über die Arbeit von UNICEF erteilen

in Deutschland:
Deutsches Komitee für UNICEF
Höninger Weg 104
D-50939 Köln

in der Schweiz:
Schweizerisches Komitee für UNICEF
Werdstraße 36
CH-8021 Zürich

in Österreich:
Österreichisches Komitee für UNICEF
Wagramer Straße 9
A-1400 Wien

178.- 14,

Dänemark

England

Deutschland

Schweiz

Ghana

Jamaica

Peru

Brasilien